目次

はじめに………………………………………………………………… 3

I ポストインペリアルという視座……………………………… 6

1 「帝国の末裔」であるということ　6
2 日本におけるポストコロニアリズム受容への疑問　7
3 割り切れない立場性を引き受ける　12
4 用語の説明　12

II 『海角七号』を観る……………………………………………… 13

1 七通のラブレター　13
2 インペリアルな視線　25
3 アンチインペリアルな視線　27
4 ポストインペリアルな視線　31
5 三様の日本、三様の台湾　35

III 『セデック・バレ』を観る…………………………………… 36

1 遠くて異なる世界──インペリアルな視線の弱さ　36
2 日本的、あまりに日本的な！──強まるインペリアルな視線　38
3 雄々しき益荒男(ますらお)ぶりの普遍性──人類学者の視線　41
4 樺沢重次郎は「この私」ではないか──人類学者の視線の再検討　46
5 モーナ・ルダオから阿弖流為(アテルイ)へ──強まるアンチインペリアルな視線　49
6 アンチインペリアルな視線の揺らぎ、そしてポストインペリアルな視線へ　50
7 遠くて近い台湾　55

IV 『KANO』を観る………………………………………………… 56

1 「台湾は日本の統治下にあった」という語り　56
2 帝国の祭典または束の間のパックス・ジャポニカ　59

　　　　　──インペリアルな視線　59
　3　「釘を打たれたパパイヤ」　65
　　　　　──インペリアルな視線とアンチインペリアルな視線　65
　4　「漢人、蕃人、日本人」という呼称への疑問──台湾研究者の視線　68
　5　再び「釘を打たれたパパイヤ」──ポストインペリアルな視線　70
　6　日章旗、旭日旗、そして鮮血の意味　71
　　　　　──ポストインペリアルな視線に映る多義性　71
　7　植民地と地方の相同性──アンチインペリアルな視線の誘惑　73
　8　遠い甲子園、近い台湾と東北、そして曖昧な日本人　74

V　魏徳聖三部作が「この私」に「見せてくれた」もの…　76
　1　視線にまつわる感情の重み　76
　2　多義的な日本、多元的な台湾、そして中国の影　77
　3　ポストコロニアルとの対話の可能性　78

おわりに……………………………………………………………　80
　　参照文献・参照メディア　82

はじめに

　本書は、魏徳聖[1]三部作と呼ばれる台湾映画、『海角七号』(2008年公開)、『セデック・バレ』(2011年公開)、『ＫＡＮＯ』(2014年公開) の描く植民地台湾と帝国日本が、「この私」にはどのように見えるかを反省する試みである。
　「この私」は、戦後に日本人として生まれ育ったひとりの男性だ。「この私」は、「人類学者」として「台湾研究」をしているが、その際、知らず知らずのうちに「戦後日本人男性」という立場から台湾を眺めていて、それが「この私」の「台湾の見え方」に大きな影響を与えている[2]。だとしたら、魏徳聖三部作の「見え方」を自己分析することで、その影響がどのようなものか明らかにできるのではないか。これが本書の問題意識である。
　台湾と日本との間には長くて深い歴史的な関係があるので、台湾の人々の多くは様々な形で日本人と関わっており、日本人に対して色々な思いを抱いている。そして、その思いを我々日本人にぶつけてくる。それに、我々は戸惑う。たとえば、上水流久彦は、フィールドワークで出会った台湾人に「私も日本人だった」と言われた際、困って「応答できずにただ黙ってうなずくだけ」だったと述べている［上水流 2010: 122］。台湾研究をしていると、日本人だから体験することがたくさんあるのだ。そして、日本人であれば、日本について様々な思いがあるだろう。日本人の台湾研究者は、台湾人の日本への思いと出会うたび

1　魏徳聖は、台湾の映画監督、脚本家、プロデューサー。1969年、台南生まれ。台湾の映画監督で脚本家の楊徳昌のスタッフとして働いた後、自身が監督・脚本・制作を担った『海角七号』を2008年に公開、台湾で制作された映画としては史上１位の興行成績を収める。2010年には、脚本・監督を担当し、台湾映画史上最高額の製作費をかけた大作『セデック・バレ』を公開、第48回金馬奨を「最優秀作品賞」など５部門で受賞。2014年には、脚本・制作を担当した『ＫＡＮＯ』を公開。いずれも日本統治時代を描いて話題となった。「台湾で最も注目される映画監督の一人」［野嶋 2015: 36］である。最新作には、初のミュージカル映画『52Hzのラヴソング』(脚本・監督、2017年公開) がある

2　この疑問の出所は、人類学における「反省的転回」である。詳しくは Levi［n.d.］を参照されたい。

に、自分の日本への思いと格闘しながら、台湾研究をしているはずだ。つまり、日本人であることが、日本人の台湾研究に何らかの影響を与えているに違いないのである。しかし、そのことが日本人による台湾研究の重要な要素として論じられることは、これまであまりなかったのではないか。

　それならば、「この私」を例として、この問題を正面から取り上げてみよう。これが、本書執筆の動機である。日本人という立場が台湾研究に与える影響という問題を、本書では「立場性の問題」と呼ぶことにする。

　魏徳聖三部作と「この私」の出会いは、とても個人的なものだった。2014年、フェイスブック上で、台湾の友人たちが『ＫＡＮＯ』を大いに話題にし、しかもその多くが絶賛であることを、「この私」はとても奇妙に感じた。聞けば、全編ほとんど日本語で、戦前に甲子園出場を果たした嘉義農林学校の活躍を描いた映画だという。それがどうして台湾で大人気となり、しかも「この私」のフェイスブック友達のようなアカデミックな人たちまで興奮させるのだろうか。

　日本公開を待って、2015年1月、仙台市内の小さな映画館で『ＫＡＮＯ』を観た。もっと大きなスクリーンで観たくなり、数か月後、別の映画館に行った。二度の観賞を通して、いろいろな思いが去来した。そこで、日本公開版のブルーレイディスク版『ＫＡＮＯ～1931 海の向こうの甲子園』（魏徳聖・黄志明・馬志翔 2015）を購入し、自宅の52インチテレビで何度も見直した。そして、これは魏徳聖の他の作品も見なければと、まず同時代の霧社事件を描いた『セデック・バレ』（魏徳聖・呉宇森・張家振・黄志明 2013）を購入し、自宅のテレビで観た。そして、最後に三部作の第一作『海角七号　君想う、国境の南』（魏徳聖 2013）を、やはり自宅テレビで観た。映画の公開順とは逆に観たわけである[3]。しかし、本書では、公開順に三作を論じることとする。

　本書の焦点は、日本人という立場性が、この映画のなかで「この私」に何を見せ、何を感じさせ、何を考えさせたかにある。それゆえ、魏徳聖の製作意図を問うたり、彼の三部作をポストコロニアル作品として読み解こうとしたりする意図は、本書にはない。本書における考察の対象は、「あのプロデューサー／

---

[3] 『海角七号』が台湾で大ヒットし、日本の台湾研究者の間でも話題になっていたことは公開当時から知っていたが、映画そのものは見ていない。『セデック・バレ』は、たまたま2011年10月に台北を訪れる機会があったので、公開されたばかりの『セデック・バレ』を見ようと西門町まで出向いたのだが、2部構成で4時間を越える大作を見る余裕がなかったため、映画館での鑑賞を諦めざるをえなかった。日本公開時も映画館では鑑賞していない。

はじめに

脚本家／監督」魏徳聖が何を創り出したかではなく、あくまでも彼の映像作品が「この私」の目にどう映り、「この私」がそこから何を読み取ったかである。その考察を通して、日本人であるという立場性が「台湾の見え方」に与える影響がどのようなものかを検討する。そうすると、「この私」が男性であることや東北人であることも「この私」の立場性の重要な一部であることが明らかになってくるだろう。さらに、人類学者であることや台湾研究者であることが、「この私」の立場性をどれくらいチェックするのに役立っているかも見えてくるだろう。しかし、考察の中心は、あくまで日本人という立場性の問題である。

　そのために、本書では「ポストインペリアル」という視座を提示する。なぜポストコロニアルでなくポストインペリアルなのか。そこから話を始めよう。

I　ポストインペリアルという視座

1　「帝国の末裔」であるということ

　「この私」が初めて日本のインペリアルな過去と個人的に出会ったのは、博士論文研究のために台湾を訪れた1986年から89年の3年間のことだった（詳しくは、［沼崎 2016: 376-380］）。
　たとえば、台北の街を歩くと、昔ながらの畳屋が目に付いた。そこで働く職人の姿は、幼少期に仙台の街中で目にした畳職人の姿とそっくりだった。日本では既に街中から消え始めていた畳屋と、台北の街中で遭遇するとは、夢にも思わなかった。「タタミ」という日本語は、そのまま通じた。日本統治期に建てられた古い日本式家屋だけでなく、新築のモダンな家でも畳部屋に出会った。どれも「純正な」畳だった。
　それから、和菓子屋があった。台湾人家族の経営する和菓子屋だ。その店の餡の味は、繊細さには欠けていたが、それゆえにかえって懐かしい昔の日本の味だった。「ワガシ」という言葉とともに、「純正な」和菓子がそこにあった。
　そして、「純正な」日本語を話す多くの台湾人がいた。彼らは、皇民化が強く進められた日本統治末期に青少年時代を過ごし、日本語教育を最も強く受けた世代の台湾人であり、「この私」の父母と同世代に属していた。日本語による彼らとの交流を通して、「この私」は、台湾で出会った「純正な」日本を、「インペリアルななるもの」として初めて意識させられた。
　ある時、出身大学を問われて「東北大学です」と答えると、「ああ、東北帝大ですか」と応じられて驚いた。日本で「旧帝大」という表現は多々耳にしていたが、「トウホクテイダイ」と直接言われたのは初めてのことだったからだ。この世代の台湾人と会話していると、「タイホクテイダイ」という言葉もしばしば出てきた。もちろん、臺北帝國大學のことだ。「台湾大学は、本当はタイホクテイダイなんですよ」と語る台湾人にも会った。臺北帝國大學の創設は1928年、1924年創設の京城帝國大學に続き、七番目の帝大だ。その設立は、大阪帝國大學、名古屋帝國大學に先立つ。母校を通して「この私」はインペリアルな過去に連

なり、臺北帝大からの歴史を辿る台湾大学にも連なるのだと強く感じた。

　最も忘れがたいのは、あるタクシー運転手の言葉だ。中国語の会話の中で、明らかに戦後生まれの彼が、乗客が日本人だと知ると、「台湾も日本に復帰したい」と言い出したのだ。驚いて「どうして？」と問い返すと、「台湾は日本の植民地だった時のほうが発展した。沖縄は日本に復帰して発展しているだろう。台湾も日本に復帰したらもっと発展する」と言うのだった。彼がどれほど植民地時代について知っていたのか、沖縄について何を聞いていたのかはわからない。彼の言葉を沖縄の人々が聞いたらどう思うだろうと考えながら、何とも返答できずに黙り込んだ。しかし、彼にとって、「この私」はかつての統治者に連なる者であり、日本人であるというだけで、「この私」にはインペリアルな過去がこびりついているのだと思い知らされた。

　「この私」が「帝国の末裔」であるというのは、こういうことなのだ。単に日本人の「血を引いている」とか、日本国籍を持っているということではなく、極めて個人的な体験を通して「この私」は日本のインペリアルな過去と結びついているのである。それを「この私」は忘れがちであるが、台湾と関わりを持つと、嫌でも思い出させられることが多いのだ。

　ここにこそポストコロニアルな台湾とポストインペリアルな日本との関係性の問題があり、好むと好まざるとにかかわらず、我々日本人台湾研究者が背負い続けねばならぬ「立場性の問題」があるのではないか。それならば、我々がすべきことは、日本人ゆえに聞こえてくる台湾人の日本についての記憶と語りの「聞こえ方」と日本人ゆえに見えてくる「台湾像」について反省し、ポストインペリアルな立場性を明示化することではないか。

　そのためには、インペリアルな過去と断絶しつつ継続している戦後日本の内側から、自分自身とインペリアルな過去とのつながりを反省的に見つめ直し、インペリアルな過去の新たな語り方を探る必要があるのではないか。このように考えるようになったわけである。

2　日本におけるポストコロニアリズム受容への疑問

　本書では、「ポストインペリアル」を「ポストコロニアル」の対概念として用いる。すなわち、旧帝国に出自を持ち、ポストインペリアル体験を積み重ねてきたという立場性から、日本のインペリアルな過去とポストインペリアル状況とを「再訪し、想起し、審問」したいのである［沼崎 2016: 372-373］。

　ポストコロニアルではなくポストインペリアルという概念を用いるのは、日

本におけるポストコロニアリズムの受容ないし知的消費に対し、常々大いに疑問を感じているからである。

　たとえば、酒井直樹は次のように述べる［酒井 2007: 294-295］。

> 　ポスト・コロニアルという語は、現在広くこの語が使われているような「植民地体制の後」という「編年記の秩序で植民地体制の後に来る」という意味で使うことは避けたほうがよい。この用語での「ポスト」は「ポスト・ファクトゥム（post factum）であって、それは「後の祭り」という意味での、「取り替えしがつかない」あるいは回復不可能な（irredeemable）事態に於ける「ポスト」である。それゆえ、ポスト・コロニアルな視座から考えると、植民地主義者であるという性格は、日本人という同一性にとって、たまたま偶然に付け加わった付帯的な事態ではなく、本質的な事態なのだ。植民地主義の歴史は日本人という同一性に「とりかえしがつかない」仕方で刻印されており、ひとが日本人であることのなかに植民地主義者であったことが本質的に含まれてしまっており、それは、日本人という同一性を構成するかけがえのない歴史であって、この植民地主義の歴史の現存こそが、ポスト・コロニアルなのである。

さらに酒井は、こうも述べる［酒井 2007: 298］。

> 　「私」の主体的な立場は自由に選べるものではない。「私」の主体的立場は私にとって主観的な事象でも心理的な事象でもない。なぜなら、社会的関係にある他者との相関において、私の主体的立場は限定されてくるのであって、他者による認定がなければ、私は自分が誰であるかをことさら主題的に自覚することはないだろう。そして、恥の情に現われるように、他者による「私」の限定は歴史的客観性を持たざるをえない［酒井 2007: 298］。

これらの指摘に、「この私」は全面的に同意する。しかし、続けて酒井は次のようにも述べる［酒井 2007: 301-302］。

> 　責任を問う人々や組織的犯罪としての従軍慰安婦制度の犠牲になった人々に対して、「私はあなたがたを友人として選ぶ。私は、同胞ではなく、友人であるあなたがたとこれから長く共に生きることを選ぶ」とはっきり

I ポストインペリアルという視座

示す義務を引き受けることだ。これが、私にとって、従軍慰安婦問題の文脈で考えうる、ポスト・コロニアルな責任のあり方だと思う。

この酒井の主張は、決して珍しいものではない。ポストコロニアリズムの一般向け紹介書の序で、本橋哲也も、次のように述べている［本橋 2005: x-xi］。

　もし現代の世界において植民地主義からの脱却が未了であるのなら、その重荷を引きずりながら二一世紀初頭に生きる私たち自身の課題を照らし、そこから先に進む道筋を探るためにポストコロニアリズムを生かし続けよう。この本は、そのための準備として私自身と読者のために、その精神的脱植民地化のために書かれている――〈他者〉に友として出会うために。

ここに到って、「この私」は当惑を覚えざるをえない。もしも「この私」の同一性に「とりかえしがつかない」仕方で植民地主義あるいは帝国主義の歴史が刻まれており、「この私」の主体的立場は決して「自由に選べるものではない」ならば、どうして、ポストコロニアル状況を生きる人々に対して、「私はあなたがたを友人として選ぶ」などとおこがましくも言えるのだろうか。加害者や加害者の末裔が「今度は友人になりたい」と言ってみたところで、被害者や被害者の末裔に拒否される可能性のほうが大きいのではないか。帝国主義者の末裔であるという「この私」の立場性は、「この私」の精神的脱植民地化を不可能にしているのではないか。「この私」がポストコロニアル状況を生きる人々に「友として出会う」ことなど、永遠に不可能なのではないか。

そうだとしたら、ポストコロニアル状況に生きる人々に「友」と認定しない権利を認めること、それこそが「他者の主体性」を認めることである。「彼ら／彼女らに友人として選ばれない（かもしれない）私」という立場性を引き受けつつ、その立場からインペリアルな過去とポストインペリアルな現在とを見つめ直し、自分のポストインペリアルな立場性の限界と制約を可能な限り可視化することこそ、「帝国の末裔」である「この私」の義務なのだ。この義務を果たすことこそが、ポストコロニアル状況を生きる人々からの問いかけに対する「ポストインペリアルな責任のあり方」である。本書は、ささやかながらこのような考えを実践する試みである。

台湾研究において「ポストコロニアル」を最初に書名に掲げたのは、丸川哲史の『台湾、ポストコロニアルの身体』［丸川 2000］である。同書のあとがきで、

丸川は次のように述べる［丸川 2000: 252］。

　　本書の題名にもある「ポストコロニアル」とは、裏返せば、日本の「ポストインペリアル」のことでもある。そして、この「ポスト」とは、インペリアルの終わりを意味するのではなく、インペリアルなものの意識されざる再生産に対して、いわばコロニアル＝インペリアルの「記憶」の想起によって抵抗していく、終わりなき運動という意味での「ポスト」である。

　そう述べながら、丸川は同書において自身とインペリアル／ポストインペリアル状況との関係を明確に論じてはいない。
　しかし、その関係について、直接的にではないが、他書の序文で次のように「想起」している［丸川 2001: 8］。

　　私の子ども時代の忘れがたい経験の話をすると、白装束で街角に座り寄付を訴えていた「傷痍軍人」と呼ばれる人々のことが思い出される。あの「傷痍軍人」はどのような人々であったのか、当時は誰も教えてくれなかったのだが、その人々が日本国籍保有者なら受けられる補償を受けられなかった在日韓国・朝鮮人、あるいは在日台湾人であったことを私が知った頃には、彼らは、すでに街角から消えていた。たぶん当時の日本人（大人）は、その「傷痍軍人」の由来というもの、つまり戦争や植民地の「記憶」とつながっていながら、その「記憶」を持てあましていたのだろう。

　1963年生まれの丸川より5才年長の「この私」にも、「傷痍軍人」をめぐる忘れがたい子ども時代の経験がある。
　幼い頃、祖父母の家に同居していたのであるが、毎日のように我が家の玄関に現われる白装束の人がいた。その人が家の門を入ってくると、祖母はすぐに財布を持って立ち上がり、玄関へと向かうのだった。そして、頭を下げながら、小銭を渡していた。祖母の丁寧さと親切さを不思議に思い、「なぜ毎日お金をあげるの」と聞いた。「うちは無事に戻って来たから」というのが祖母の答えであった。伯父ふたりが「戦争に行っていた」ことは知っていたから、祖母の答えの意味は、子どもでも理解できた。自分の息子たちほど幸運ではなかった「兵隊さん」を、息子たちと「同じ日本兵」として、祖母は憐れんでいたのだ。
　今にして思えば、祖母には「植民地の記憶」は無かったかもしれない。しかし、

彼女は、「戦争の記憶」は鮮明であり、その記憶を決して「持てあまし」たりせず、「恵まれない兵隊さん」に接していたのだと思う。

批判的に見つめ直すならば、祖母の態度は、まさに「一視同仁」であり、インペリアルなものであったと言えるだろう。しかし、祖母の誠実さに偽りはなかった。孫である「この私」は、成長し、歴史を学んで「傷痍軍人」のインペリアルな「由来」に気づかされた後も、祖母の行為を否定的に眺めることはできずにいたし、今でもできない。

丸川は、「傷痍軍人」を「在日韓国・朝鮮人、あるいは在日台湾人」と見つめ直すことによって、日本のインペリアルな過去を批判的に「再想像」したのであろう。その「正しさ」に「この私」も同意するが、しかし同時に、そのような「再想像」は、「同じ日本兵」を再び他者化することではないかという疑問も抱くのである。それでは「一視同仁」でよいのかと問われれば、やはりそうではないと答えざるをえない。しかし、こうすればよい、こうすべきだという明確な回答を「この私」は持ちえていない。

酒井直樹は、「日本人を割ることだ」と言う［酒井 2007: 301］。「自らが有罪可能性の立場におかれていることを否認することなく、しかし、責任を問う人々が押しつけてくる日本人という規定に抗議し」、「有罪の度合いや戦争犯罪との個人のかかわりを探索し」、「戦争犯罪者を日本国民の中から、はっきりと、突き出すことだ」と言うのである［酒井 2007: 301］。そして、そうすることによって、「責任を問う人々」や植民地主義の「犠牲になった人々」に対して、「私はあなたがたを友人として選ぶ。私は、同胞ではなく、友人であるあなたがたとこれから長く共に生きることを選ぶ」のだと酒井は言う［酒井 2007: 301-302］。しかし、それほど明確に「日本人を割ること」などできるのだろうか。従軍慰安婦問題にせよ靖国神社問題にせよ、「割らない」人たちが多くの問題を起していることを、「この私」は明確に自覚している。しかし、簡単に「割れない」のも事実ではないか。そして、簡単に「割ったつもり」になることは、もっと危険なのではないか。

酒井の言うように、一部の日本人を他者化しつつ、「責任を問う人々」や植民地主義の「犠牲になった人々」と自分を同一化することが、「帝国の末裔」である者たちの責任の取り方なのだろうか[4]。

4　この疑問の原点は、1970 年代後半の学生時代の体験にある。東北大学のキャンパスで、「日帝」と「米帝」を糾弾し、「アジア人民と連帯しよう」と叫ぶ「運動家」に対して、「そう叫ぶ君たちは何様なのだ？　旧帝国大学学生である君たちもまた日帝の一員ではないのか？」と感じたものだが、当時の違和感を酒井直樹の文章は「この私」に想起させる。

3　割り切れない立場性を引き受ける

　そうではないと、「この私」は思う。「そう簡単に割れないよ」というのが、ポストコロニアリズムの最も重要な主張だと考えるからだ。ポストコロニアリズムとは、「植民地支配と民族独立の境界を越えて流通」しうる「表象、読解実践、態度と価値の異質な諸形態」[McLeod 2010:6]を取り上げつつ、「コロニアルな過去を、再訪し、想起し、そして決定的に重要なことだが、審問する」[Gandhi 1998:4]取り組みである。「割れない」からこそ、「境界を越えて流通」する「表象、読解実践、態度と価値の異質な諸形態」を問題化しなければいけないのである。

　どんなに「割って」も、「この私」は、やはり日本人である。そして、日本人である限り、「この私」はインペリアルな過去と接続しているし、「この私」と祖母とを「割ること」はできない。

　このような視座から、魏德聖三部作を観ることを通して、「この私」とインペリアルな過去との関係、そして「この私」とポストコロニアル台湾との関係を「再訪し、想起し、審問」したいのである。

4　用語の説明

　本書で用いるキーワードについて、簡単に説明しておきたい。台湾には、来歴と言語・文化を異にする様々な「族群」すなわちエスニック・グループ（民族集団）が居住している。先ず、日本統治以前に台湾に移住した漢人の集団として、福建省南部出身者を祖先とし、「福佬話」（「閩南語」）を母語とする「福佬人」（「閩南人」）と、主に福建省や広東省出身者を祖先とし、「客家語」を母語とする「客家人」がある。この２集団は、日本統治時代には「本島人」と呼ばれ、第二次世界大戦後、国民党政権の下では「本省人」と呼ばれていた。彼らの言語は、国民党政権が教育とマスメディアを通じて「國語（国語）」として普及させた標準中国語とは大きく異なる。また、人口的に多数派の福佬人は自分たちの福佬話を「台語（台湾語）」と呼ぶ。国民党とともに中国大陸から移住してきた漢人とその子孫は「外省人」と呼ばれている。漢人が移住してくる以前から台湾に居住していた先住民族は、かつては「蕃人」と呼ばれ、日本統治時代には「高砂族」と呼ばれたりしたが、今では「原住民」と呼ばれている。「原住民」は単一の民族集団ではなく、言語や文化の違いによって現在16民族に区分されている。

　　のか？」と感じたものだが、当時の違和感を酒井直樹の文章は「この私」に想起させる。

II 『海角七号』を観る

　『海角七号』は、有名な史実を題材とする後続の二作品とは異なり、純然たるフィクションであり、また極めてコミカルな娯楽映画になっている。単なるドタバタ喜劇として、またラブコメディーとして十分楽しい映画である。
　しかし、戦後日本生まれの台湾研究者である「この私」には、後続の二作品同様、本作の主要テーマもまた、台湾のコロニアルな過去であり、植民地台湾と帝国日本との関係性であるように「見える」のだ。さらに、『海角七号』は、現代を主要舞台と設定しているため、より歴史的な後続の二作品以上に、ポストコロニアル台湾とポストインペリアル日本との関係性が明瞭に描かれているように「見える」のである。そこで、この映画において、植民地台湾、帝国日本、ポストコロニアル台湾、ポストインペリアル日本の四者関係が「この私」にどう「見える」のかを考察する。

1　七通のラブレター
　日本人である「この私」にとって、なんといっても印象に残るのは映画の時々に流される日本語のナレーションである。その内容は、大日本帝国の降伏後すなわち台湾の「光復」後、「内地人」を乗せて日本へ向かう引き揚げ船の甲板で、ひとりの教師が、台湾に残してきた恋人に宛てて書いたラブレターであることが、次第に明らかになる。
　そして、七通のラブレターが現在の台湾におけるひとりの台湾人青年[5]と日本人女性の遭遇に重ねられて、映画は展開していく。そこで、七通のラブレター

5　実は、主人公である阿嘉の族する「族群」がどう設定されているかは、この映画では明示されていない。彼の使用言語は「國語」と「台語（福佬話）」だけなので、映画を「見る」限り、「本省人」それも「福佬人」であろうと想像できる。しかし、演じているのは、アミ族出身の歌手、范逸臣である。そのことに魏徳聖がどれほどの意味を込めているかは、本書では敢えて問わない。あくまでも、日本人である「この私」にはどう見えたかだけを本書では問題にする。

人類学者、台湾映画を観る

図1 《海角七号》ブルーレイディスク版カバー

の全文を紹介しつつ、映画のストーリーを辿ってみたい。

冒頭のナレーションはこうである。

> 1945年12月25日、友子、太陽がすっかり海に沈んだ。これで、本当に台湾島が見えなくなってしまった。君はまだ、あそこに立っているのかい。

このナレーションとともに、船上に立つ帽子を被った男性[6]の後ろ姿に続いて、黄昏の海上を進む一隻の引き揚げ船が映し出され、タイトルバックが現れる。これが、一通目のラブレターである。ナレーションが終わると、すぐに現代の台北に飛ぶ。バイクに荷物を積んだひとりの青年が、ギターをたたき割って、夜の街を走り出す。台北でバンドのボーカルをしていたが、夢破れて故郷に帰

---

6 彼がラブレターの書き手の教師であるが、その顔は、映画を通して、はっきりと映し出されることはない。演じているのが中孝介であることに、どれだけの観客が、いつ気づくことができただろうか。ナレーションの声が全くの別人であるだけに、「この私」のように最後まで気づかなかった人も少なくないのではないか。エンディングのクレジットでも、中孝介は「特別演出」（特別出演）と示されるだけである。作中、中孝介は本人役（台湾でも人気の日本人歌手）で登場しているわけだから、特別出演とはそのことだけを指しているとも取れる。魏徳聖がなぜ、中孝介が教師と二役であることを映像的にもクレジット上も明示しなかったのか、あれこれ想像したくなるが止めておく。教師役を演じているのが中孝介であることを「この私」に教えてくれたのはパンフレットであった。そして、そのことを知った「この私」に、この映画の「見え方」がどう変わったかは、後に検討する。

る彼が、本作の主人公、阿嘉（アガ）である。

　阿嘉のバイクが、夜明け前、田舎町の古い城壁の門を潜り抜けると、夜が明け、城門に１台のマイクロバスが差し掛かる。そのマイクロバスに乗っているのが、モデルたちの通訳兼世話係をさせられている日本人の友子だ。彼女も、モデルになるのを夢見つつ、その実現が阻まれ、夢破れかけている、本作のもうひとりの主人公である。

　阿嘉と友子の動きにからんで、脇役たちが次々と紹介されていく。最初に登場するのは、野ばらを日本語で歌う茂（ボー）爺さんだ。日本語世代の郵便配達員であり、月琴の奏者である。友子の乗ったマイクロバスのせいで彼のバイクが田んぼに転落し、彼が足を骨折することで、阿嘉の郵便配達が始まる。掃除中の喫煙をきっかけに友子と衝突するホテルの掃除婦、林明珠も、茂爺さんとともに、後に重要な役割を果たす。

　阿嘉が郵便配達のやり方を茂爺さんから習う過程で、物語の舞台が恒春という台湾最南部の小さな町であることが明かされる。そして、一つの宛先不明の小包が茂爺さんから阿嘉に手渡される。配達初日、阿嘉はまじめに働く気になれず、未配達の郵便物を抱えたまま家に戻ってしまう。そして、宛先不明で局に戻さなければならないはずの小包を、なぜか開封してしまうのである。阿嘉がしげしげと見つめる小包がアップになると、チラリと「小島友子」という宛名が見える。包装紙を外すと、黒い漆塗りの箱が出てくる。その蓋を開けると、封筒の束の上に、１枚の古い写真が載っており、写っていたのは水辺に立つ少女の姿であった。阿嘉は、写真のすぐ下の封筒から手紙を取り出し、眺め始める。縦書きの文字を見た彼は、それが日本語だと分かったのだろうか。そして、日本語のナレーションとなる。

　　友子、許しておくれ。この臆病な僕を、ふたりのことを決して認めなかった僕を。どんな風に君に惹かれるんだったっけ。

　ここで画面は、浜辺を歩く現在の友子[7]に変わり、モデルたちの撮影の手伝いをする彼女を背景に、日本語のナレーションが続く。

7　彼女の苗字は映画のなかでは明かされないので、小島友子と区別する必要があるときは「現在の友子」と書くことにする。彼女の苗字が明かされない意味については、後に改めて考えることとする。

君は、髪型の規則も破るし、よく僕を怒らせる子だったね。友子、君は意地っ張りで、新しいもの好きで。でも、どうしようもないぐらい、君に恋をしてしまった。だけど、君がやっと卒業した時、僕たちは戦争に敗れた。僕は敗戦国の国民だ。

ここで、背景の登場人物が脇役たちに変わる。

　　貴族のように傲慢だった僕たちは、一瞬にして罪人の首枷をかけられた。貧しい一教師の僕が、どうして民族の罪を背負えよう。

ここでまた背景が変わり、阿嘉が海岸を歩いている。日本語のナレーションは続く。

　　時代の宿命は時代の罪。そして僕は、貧しい教師に過ぎない。君を愛していても、諦めなければならなかった。

これが二通目のラブレターである。
バイクで郵便配達をする阿嘉の姿を背景に、三通目のラブレターのナレーションが始まる。

　　三日目、どうして君のことを想わないでいられよう。君は、南国の眩しい太陽の下で育った学生。僕は、雪の舞う北から海を渡ってきた教師。僕らはこんなにも違うのに、なぜこうも惹かれ合うのか。あの眩しい太陽が懐かしい。熱い風が懐かしい。まだ覚えているよ。君が赤蟻に腹を立てる様子。笑っちゃいけないってわかってた。でも、赤蟻を踏む様子がとても綺麗で、不思議なステップを踏みながら、踊っているようで、怒った身振り、激しく軽やかな笑い声。

また配達をサボって海岸で缶ビールを飲む阿嘉が映し出されたかと思うと、画面はパッとベッドに横たわる現在の友子に変わる。そして、ナレーションは続く。

　　友子、その時、僕は恋に落ちたんだ。

その後、いよいよ主人公と脇役が一堂に会することとなる。町議会議長のごり押しが利いて、リゾートホテルが企画している日本人歌手（中孝介）のコンサートに、地元のバンドを出演させることとなり、メンバーのオーディションが行われ、ギターとベースに原住民（後にルカイ族であることがわかる）の父子、ドラムに水蛙（カエル）という綽名の男性、キーボードに不思議な小学生の少女、ボーカルに阿嘉が選ばれ、日本側との通訳を依頼された友子がお目付け役として彼らの練習を監督することになったのである。ベースは、様々な経緯があって、最終的に隣町の客家人の男性になる。こうして、多民族の混成バンドが出現するのだ。
　未配達の郵便が阿嘉の部屋に溜まっているのがばれたところで、四通目のラブレターのナレーションが始まり、海を行く引き揚げ船の映像となる。甲板上で、帽子の男性が手紙を書いている。

　　強風が吹いて、台湾と日本の間の海に、僕を沈めてくれればいいのに。そうすれば、臆病な自分を持て余さずに済むのに。友子、たった数日の航海で、僕はすっかり老け込んでしまった。潮風が連れてくる泣き声を聞いて、甲板から離れたくない、寝たくもない。僕の心は決まった。陸に着いたら、一生海を見ないでおこう。

画面は、阿嘉が溜めていた郵便物を配達する茂爺さんと阿嘉に変わる。

　　潮風よ、なぜ泣き声を連れてやってくる。人を愛して泣く。嫁いで泣く。子供を産んで泣く。君の幸せな未来図を想像して、涙が出そうになる。でも、僕の涙は潮風に吹かれて、溢れる前に乾いてしまう。

そこで、画面は海岸を歩く現在の友子に切り替わる。

　　涙を出さずに泣いて、僕はまた老け込んだ。憎らしい風。憎らしい月の光。憎らしい海。

　バンドの練習ははかどらず、特に阿嘉の新曲がなかなか完成せず、様々なトラブル続きで友子は何もかも投げ出して恒春を去ろうとする。

しかし、ホテルの部屋を出た友子を、まず廊下で林明珠が止めようとする。「欸，就這樣走啦（おい、こんなふうに行ってしまうのか）」という中国語を無視してエレベーターに向かう友子に、林明珠は「おい、そこ日本人、約束を果たさないで行っちゃうの！」と日本語を投げつける。返事をせずに歩み去り、ホテルを出ようとする友子を、今度は茂爺さんが遮って、「友子さん、これ、弟の孫が、今日嫁さんをもらうので、お寺の前で披露宴をします。一緒に祝ってください。どうぞ一緒に来てください」と日本語で言い、大きな赤い招待状を友子に渡す。受け取って「おめでとうございます」と言った後、なぜか友子は招待状をじっと眺め続ける。結局、友子は披露宴に出席するのである。
　五通目のラブレターのナレーションが始まるのは、映像が披露宴から引き揚げ船に変わった時である。

　　　12月の海は、どこか怒っている。恥辱と悔恨に耐え、騒がしい揺れを伴いながら、僕が向かっているのは、故郷なのか、それとも故郷を後にしているのか。

　披露宴の後、酔った友子は阿嘉の家へ行き、ひとしきり騒いだ後、家の前で寝込んでしまう。帰宅した阿嘉が抱き起すと、友子は目覚めて彼を責めるが、再び寝込んでしまう。阿嘉は、友子を背負って二階の自室へと運び、ベッドに寝かせ、顔の汚れ（涙の跡）を拭いてやる。その映像を背景に、再び日本語のナレーションとなる。

　　　夕方、日本海に出た。昼間は頭が割れそうに痛い。今日は濃い霧が立ち込め、昼の間、僕の視界を遮った。でも、今は星がとても綺麗だ。覚えてる？君がまだ中学一年生だった頃、天狗が月を食う農村の伝説を引っ張り出して、月食の天文理論に挑戦したね。君に教えておきたい理論がもう一つある。君は、今見ている星の光が、数億光年のかなたにある星から放たれてるって知ってるかい？

　友子を寝かせつけた阿嘉は、机に向かって新曲の作詞を始める。ナレーションが入る。

　　　うわぁ、数億光年前に放たれた光が、今、僕たちの目に届いているんだ。

Ⅱ 『海角七号』を観る

　数億年前、台湾と日本は一体どんな様子だったろう。山は山、海は海。でもそこには誰もいない。

　画面は、披露宴の後に海岸で寝込む人々などの映像に変わる。ナレーションは続く。

　　僕は星空が見たくなった。移ろいやすいこの世で、永遠が見たくなったんだ。台湾で、冬を越す雷魚の群れを見たよ。僕はこの想いを一匹に託そう。漁師をしている君の父親が捕まえてくれることを願って。友子、悲しい味がしても食べておくれ。君にはわかるはず。君を捨てたのではなく、泣く泣く手放したということを。皆が寝ている甲板で、低く何度も繰り返す。

ここで画面はまた阿嘉の部屋に戻る。

　　捨てたのではなく、泣く泣く手放したんだと。

　一旦ナレーションは終わり、目覚めた友子と阿嘉が結ばれる場面となる。そこで、ナレーションが再開される。

　　夜が明けた。でも僕には関係ない。どっちみち

　画面は昇る朝日の映像になる。そして阿嘉の寝顔が映り、漆の箱と封筒の束が映り、友子が手紙を読んでいる様子が映る。それを背景にナレーションは続く。

　　太陽は濃い霧を連れてくるだけだ。夜明け前の恍惚の時、年老いた君の優美な姿を見たよ。僕は髪が薄くなり、目も垂れていた。朝の霧が舞う雪のように僕の額を覆い、激しい太陽が君の黒髪を焼き尽くした。僕らの胸の中の最後の余熱は、完全に冷め切った。友子、無能な僕を許しておくれ。

　目覚ましが鳴り、阿嘉が起きる。部屋を出る際に、友子が言う。「那些信件非常重要，不管怎樣，你一定交到那個女孩手裡（それ大事な手紙よ。あて名の女性に必ず届けてあげないと）」。
　そして、小島友子の住んでいた海角七番地すなわち海角七号という住所探し

が始まるのである。茂爺さんを載せて阿嘉がバイクで住所探しをする様子を背景に、六通目のラブレターが読まれる。

> 海上気温16度。風速12節。水深97メートル。海鳥が、少しずつ見えてきた。明日の夜までには上陸する。友子、台湾のアルバムを君に残してきたよ。お母さんのところに置いてある。でも、一枚だけ

画面が、コーヒーを前にぼんやり考えこむ現在の友子に変わる。

> こっそり貰ってきた。君が海辺で泳いでいる写真。写真の海は、風もなく、雨もなく、そして君は天国にいるみたいに笑っている。君の未来が誰のものでも

画面が引き揚げ船に変わり、ナレーションが続く。

> 君に見合う男なんていない。美しい思い出は、大事に持ってこようと思ったけど、連れてこれたのは虚しさだけ。思うのは、君のことばかり。あ、虹だ。

画面は虹を見上げる教師から現在の友子に切り替わる。友子の目の前の窓越しにも虹が見える。

> 虹の両端が海を越え、僕と君を、結び付けてくれますように。

ナレーションが終わり、虹の下、茂爺さんを載せた阿嘉のバイクが海沿いの道を走る。
最後となる七通目のラブレターのナレーションは、空港に日本の歌手、中孝介が到着し、現在の友子が迎えに出る場面を背景に流れ始める。

> 友子、無事に上陸したよ。七日間の航海で、戦後の荒廃した土地に、ようやく立てたというのに、海が懐かしいんだ。海はどうして、希望と絶望の両端にあるんだ。これが、最後の手紙だ。後で出しに行くよ。海に拒まれた僕たちの愛、でも、想うだけなら許されるだろう？　友子、僕の想いを受け取っておくれ。そうすれば、少しは僕を許すことはできるだろう。

II 『海角七号』を観る

　君は一生僕の心の中にいるよ。結婚して子供ができても、人生の重要な分岐点にくるたび、君の姿が浮かび上がる時。重い荷物を持って家出した君、行き交う人ごみの中にポツンと佇む君。お金を貯めてやっと買った、白のメリヤス帽を被ってきたのは、人ごみの中で、君の存在を知らしめるためだったのかい？

郵便配達する阿嘉に画面は変わる。道々、海角七号を知っているかと人々に尋ねる阿嘉。

　　見えたよ。僕には見えたよ。君は静かに立っていた。

画面は、浜辺のコンサート会場設置現場に移る。

　　7月の激しい太陽のように、それ以上直視することはできなかった。

画面はリゾートホテルに移る。ぼんやり掃除婦の林明珠が座っている。雨が降ってくる。黒雲が広がる。

　　君はそんなにも、静かに立っていた。冷静に努めた心が、一瞬熱くなった。

画面が変わり、とある軒先にバイクを止め、阿嘉が雨宿りを始める。

　　だけど、心の痛みを隠し、心の声を飲み込んだ。僕は知っている。思慕という低俗な言葉が、太陽の下の影のように、追えば逃げ、逃げれば追われる、一生。

中孝介を乗せたマイクロバスの前席の友子が映り、「一緒に」という一言だけナレーションが入る。友子の憂い顔を、後部席の中孝介が写真に撮り、カメラの画面を見せながら、何を心配しているのか尋ねる。友子は、雨が降ってきたので明日のコンサートの天気が心配だと答える。すると、中孝介が呟く。「友子さん、でも虹が見れるかもしれない」と。中孝介と友子が雨空を見上げる。
　雨宿りをしながら新曲の譜を眺める阿嘉に画面は変わり、再び日本語のナレーションが始まる。

友子、自分の疚(やま)しさを、最後の手紙に書いたよ。

　阿嘉が、譜のタイトル「國境之南」に二重線を引き、「海角七号」と書き込む。

　　　君に会い、懺悔(ざんげ)する代わりに。こうしなければ、自分を許すことなど少しもできなかった。

　ここで画面は、地元バンドの練習風景に変わる。友子が、中孝介を迎えに出た際に空港で買った原住民の首飾りを、バンドのメンバーひとりひとりに手渡す。それは、ルカイ族のギター奏者、勞馬（ローマー）が首にかけていたものと同じ種類の首飾りだった[8]。それぞれの首飾りには名があり、固有の意味がある。友子は、勞馬にも「孔雀之珠」という名の首飾りを手渡す。その意味は、愛だった。既に首にかけているものが妻への想いを表しているという彼に、友子は愛があってこそ想いも生まれると言いながら、「孔雀之珠」を押し付ける。苦笑しながら受け取る勞馬。

　海岸のコンサート会場でのリハーサル、中孝介が「友子さん、虹」という場面がある。その後、ホテルに戻った友子は、林明珠にタバコを求め、ふたりの間で日本語の会話が始まる。林明珠が自分は小島友子の孫であると友子に告げ、祖母の現住所のメモを友子に渡す[9]。

　コンサート会場に戻った友子は、阿嘉にメモを手渡し、あの小包を小島友子に届けてほしいと頼む。なぜ今すぐにと訝しがる阿嘉に、今夜のコンサート終了後には自分は中孝介らとともに日本に帰国すると告げ、その前に小島友子の現在の様子を伝えてほしいと言うのである。

　虹を背景に見送る友子からバイクを走らせる阿嘉へ、そして田舎道を歩く教師の後ろ姿へと、映画の場面は切り替わり、日本語のナレーションとなる。

　　　君を忘れたふりをしよう。僕たちの思い出が、渡り鳥のように、飛び去ったと思い込もう。

8　この首飾りは「トンボ玉」と呼ばれるものである。これについて、詳しくは林［2011b］を参照されたい。なお、林ひふみ氏には、『海角七号』について他に2編の論考がある［林 2010、2011a］。

9　この一連のやりとりについては、後に検討する。

Ⅱ　『海角七号』を観る

　場面は再び阿嘉に戻る。阿嘉は、メモの住所にたどり着き、家屋に入って「ウランティレボ（誰かいますか）」と台語（福佬話）で声をかけるが、答えはない。この場面を背景に、最後のナレーションが入る。

　　君の冬が終わり、春が始まったと思い込もう。本当にそうだと思えるまで、必死に思い込もう。そして、君が永遠に幸せであることを、祈っています。

　ナレーションが終わる頃、阿嘉はもう一度「ウランティレボ」と家の中に向かって声をかけるが、やはり返事はない。それでも中に入っていくと、中庭に座るひとりの老婆の姿が見える。阿嘉は、そっと漆の箱を老婆の座る椅子の端に置き、黙って立ち去る。老婆は、彼にも箱にも気づかない。
　コンサート開始間際になっても、阿嘉は帰ってこない。ようやく戻った阿嘉に向って友子は歩み寄りながらなぜ遅くなったのだと詰め寄る。その彼女を、阿嘉はいきなり抱きしめて言う。「留下來，或者跟你走（残れ、そうじゃなければ一緒に行く）」と。
　夕日が海に沈むとともに、コンサートが始まる。地元バンドの２曲目の演奏が、阿嘉の新曲「國境之南／海角七号」である。バンドのメンバーたちは、楽器を取り換えて前に出、阿嘉に並んで立つ。茂爺さんは月琴を持っている。なぜかキーボードの少女は鍵盤ハーモニカを持っている。予定外の行動に驚く阿嘉だが、少女に緊張するなと言われ、茂爺さんに促されて、歌い始める。
　最後の一節「請原諒我的愛　訴說的太緩慢（愛していると言うのが遅すぎてごめんね）」を歌い終えたところで、阿嘉は歌を中断し、ステージ下に立つ友子を見つめる。カメラが友子をステージの画面に映し出す。勞馬がステージを降りて友子に近づき、首にかけていた「孔雀之珠」を友子に渡す。それを友子が首にかけ、阿嘉に向かって微笑む。少女がキーボードに戻り、曲の続きを引き始めると、阿嘉は再び歌い出す。
　曲が終わると、アンコールの声がかかる。準備した２曲は既に歌い終えている。ところが、ステージの茂爺さんが月琴を弾き始める。曲は「野ばら」である。客席の父親からハーモニカを渡された勞馬も曲を奏で始める。他のバンドメンバーもそれぞれ楽器を手にする。阿嘉が國語歌詞で歌い始める。すると、友子の隣に立っていた中孝介が「ああ、この歌、僕も歌える」と言って、マイクを

取り、日本語歌詞を歌いながらステージに上がって、阿嘉と２言語による合唱を始める。

　画面が、ふたりのステージから老婆の後ろ姿に変わる。老婆は、漆の箱に気づき、蓋を開け、写真を手に取る。そして、写真を置くと、一番上の封筒を開いて手紙を取り出す。画面は引き揚げ船の停泊する埠頭に移り、白い服に白い帽子を被り、大きなカバンを抱えた小島友子がクローズアップされる[10]。彼女は誰かの姿を探している素振りである。この間、ずっと日本語の野ばらが流れ続ける。それは、阿嘉と中孝介の合唱であると「この私」には聞こえた。

　野ばらが終わると、画面上は引き揚げ船のアップに変わり、女性の声で、教師の娘が小島友子に宛てた手紙の朗読となる。

　　　　友子様へ。私は、この手紙の持ち主の娘です。この手紙は、父のタンスの中から出てきたものです。父は、今年の一月に永眠いたしました。お手紙の一通一通を拝読しますと、父と友子様の余りにも切なく心の絆の想いがたくさん詰まったものでした。今になってお渡しすることが残念でなりません。父の切ない心の中を今、友子様にお届けいたします。

　朗読の最中、画面には甲板で苦悶する教師の姿が映し出される。彼は、こらえきれず、コッソリ隠れるように、船壁の上に顔を半分だけ出して埠頭に立つ小島友子を見つめる。

　朗読が終わると、画面は小島友子をアップにする。少女合唱で日本語の野ばら[11]が流れ始める。小島友子が小さく口を開ける。アッと言いながら、数歩小さく動くが、それ以上踏み出すことはできない。船上の教師の周りには、手を振る人々もいるが、振らない人々もいる。船が動き去ると、岸壁の「台湾光復」と書かれた赤い横断幕が映し出され、国民党兵士が立つ柵の手前に立ち尽くす小島友子が小さく映される。彼女の周りの見送りの人々はほとんど皆、去り行

10　この場面で、初めて若き日の小島友子が登場するのだが、彼女を演じる梁文音は、ルカイ族とタイヤル族の血を引く原住民歌手である。阿嘉役の范逸臣についてと同様、ストーリーの核心人物役に原住民を配した魏徳聖の意図を、ここでは問わない。しかし、ストーリー上でも小島友子の出自は明白に語られていないことに、注意を喚起しておきたい。

11　このように、この映画に野ばらは繰り返し挿入される。「野ばら」という曲の日本と台湾への導入過程を取り上げた論考として、星野［2010］がある。

く船に向かって大きく手を振っている。人々の両側の建物には、何本も青天白日満地紅旗が立てられている。そして、エンディングロールとなる。

2　インペリアルな視線

　日本語のナレーションが、「この私」にある観点を持たせた。その観点とは、自身を七通のラブレターの書き手である教師の側に置きつつ、そして彼の弁明を全て受け入れつつ、引き揚げ船の上から、過去の友子を、さらに現在の阿嘉と友子らを眺めるというものだった。この観点から発せられる視線を、「インペリアルな視線」と名付けたい。

　既に述べたように、日本人である「この私」には、日本語が一番強く印象に残る。この映画の会話の大半は台語（福佬話）であり、聞いただけでは「この私」には理解できない部分が多い。國語（台湾華語）はほとんど聞き取れるが、やはり外国語であり、どうしても心理的に距離がある。それに対して、日本人の語る日本語は、抵抗なく心に染み込んでくる。

　ラブレターの書き手が若い男性教師であることも、ジェンダー的かつ職業的に、「この私」に親近感を覚えさせる。「この私」も、初めて台湾を訪れた頃は若かった。まだ大学院生だったが、半年ほど大学で一科目教えたこともある。たまたま受講生は全員女性で、女子学生に「老師」と呼ばれた体験がある。もちろん、「この私」には女子学生との恋など考えられもしなかったが。

　彼が「雪の舞う北から海を渡ってきた教師」であることにも、東北出身の「この私」は親近感を募らせた。彼の乗った引き揚げ船は「日本海に出た」というが、彼が上陸したのは舞鶴だろうか、それとも新潟か、あるいは酒田だったのかと想像を逞しくする。

　そういうわけで、この映画の登場人物の中で、「この私」が共感しやすかったのは、引き揚げ船から台湾を見つめ続けた、あの手紙の主の教師だったのだ。

　日本語のラブレターに見られる呼びかけは「友子」であり、そのナレーションにかぶせるように、現在の友子が繰り返し画面に映される。そのため、映画の前半ずっと、ふたりの友子がどういう関係にあるのか気になっていた。

　しかし、インペリアルな視線は、小島友子と現在の友子を同一視させることはなかった。「この私」は、小島友子を「本島人」と無反省に決めつけていた。引き揚げ船で去る教師を帝国日本の象徴と見たので、「捨てた」のか「泣く泣く手放した」のかはともかく、残された小島友子を植民地台湾の象徴と見たからだ。現在の友子は、少なくとも植民地台湾の象徴ではありえない。とすれば、

ふたりの友子を同一視することはできない。インペリアルな視線は、ふたりの友子を切り分けたのである。

　そして、この視線の下で、「この私」は、「内地人」の一教師と「本島人」の一少女の「悲恋」を、帝国日本と植民地台湾の「悲恋」へと転換していた。手紙の主の言葉を借りれば、「時代の宿命」は相思相愛だった帝国日本と植民地台湾を引き離したのだ。そして、それは「時代の罪」であり、「貧しい一教師」に背負えるものでもなければ、「しがない一人類学者」の「この私」に背負えるものでもない。

　それでは、現在の友子は何を象徴しているのだろうか？　それは、「戦後の台湾」すなわちポストコロニアル台湾が受け入れる「戦後の日本」すなわちポストインペリアル日本である。「現在の台湾」の代表／表象は、何と言っても阿嘉である。インペリアルな視線の下で、「この私」は、無反省に彼を「本省人」と決めつけていた。そして、台湾に留学し、國語を学び、台湾で働く友子のような日本人と阿嘉のような「本省人」との「ハッピーエンドの恋」を、「戦後の日本」と「戦後の台湾」との相思相愛関係の成就へと転換したい誘惑にかられた。

　その誘惑を強化したのが、中孝介の存在である。台湾で大人気の日本人歌手と空港やコンサート会場に集う台湾人ファンたちとの関係もまた「ハッピーエンドの恋」であろうから。中孝介も、「戦後の台湾」すなわちポストコロニアル台湾が受け入れる「戦後の日本」すなわちポストインペリアル日本を象徴しているのだ。台湾研究者である「この私」もまた、「戦後の台湾」すなわちポストコロニアル台湾が受け入れる「戦後の日本」すなわちポストインペリアル日本の象徴になりたい。そんな思いが胸をよぎる。

　中孝介は、コンサートの際、阿嘉たち地元バンドが、茂爺さんに先導／扇動されてアンコールに野ばらを演奏し始めた時、「ああ、この歌、僕も歌える」と言ってステージに上がり、阿嘉が國語で歌う「野ばら」にかぶせるように、日本語で野ばらを歌い出す。それを観客は大歓声で迎えるのだが、インペリアルな視線の下では、このシーンは、ポストコロニアル台湾がポストインペリアル日本を再受容することを象徴するもののように見えるのである。

　そして、極めつけが、実際に老婆となった小島友子に教師の手紙が届いたことである。彼女が漆の箱に気づき、蓋を開け、写真を手に取り、封筒から手紙を取り出して読みだしたということは、彼女の「赦し」を象徴するのではないか。帝国と植民地の悲恋は、時を経て、ついに成就したのだ。

　そうだと、阿嘉の歌が教えてくれる。国境之南と題され、彼が海角七号と書

Ⅱ 『海角七号』を観る

き換えた歌の最後のリフレインの意味は、そう読み解ける。

　　當陽光　再次　回到那　飄著雨的國境之南
　　我會試著把　那一年的故事　再接下去說完
　　當陽光　再次　離開那　太晴朗的國境之南
　　妳會不會把　妳曾帶走的愛　在告別前用微笑全歸還
　　（空が晴れたら　あそこへ戻ろう　雨の舞う　国境の南へ
　　戻ってみよう　あの年の恋物語を完結させるために
　　空が晴れたら　旅に出よう　晴れ渡る国境の南から
　　その時　君は　昔のままの笑顔で　僕の愛に応えてくれるだろうか）

　最後の一節は「會不會（くれるだろうか）」と疑問形にはなっているが、少女は教師の愛に見事に応えてくれたのではないか。そう考えることで、「敗戦国の国民」は救われる。戦後生まれの「この私」も、教師と同じく「敗戦国の国民」である。あの教師と同様に、彼とともに「赦し」を得たい気持ちがある。

3　アンチインペリアルな視線

　しかし、「この私」は、左翼的な反帝国主義思想の持主でもある。すぐに、自分のインペリアルな視線に気づいた。それで、異なる視座を探しつつ、この映画を何度も見直した。そして、見出したのが、林明珠の観点である。この観点から発せられる視線を「アンチインペリアルな視線」と名付けよう。

　また、中孝介が教師役を演じていると知ったことも、「この私」の見方を大きく変えさせる要因となった。

　林明珠の位置に自分を置き、あの教師と現在の中孝介とを同一視することで、アンチインペリアルな視線を、他の登場人物と、この映画のストーリー全体に向けることが可能となる。

　林明珠は、部屋でこっそり喫煙するという登場場面からして現在の友子に敵対的であった。外で吸うこともできるだろうに、わざわざ日本人の宿泊する部屋で吸うのである。煙と臭いを隠そうとはするが、隠しきれずに友子と衝突する。それも、わざとのように思える。そして、友子が地元バンド完成のプロジェクトを投げ出して逃げ出そうとすると、日本語で「おい、そこの日本人、約束を果たさないで行っちゃうの！」と責め立てる。

　あの教師も「約束を果たさないで行っちゃ」ったではないか。帝国日本は、

ポツダム宣言を受諾し、サンフランシスコ条約で台湾の領有権を放棄したではないか。

ここで、林明珠が小島友子の孫だと現在の友子に打ち明ける場面でのふたりの日本語での会話を丁寧に追ってみよう。

テラスで煙草を吸う林明珠を見つけて、友子が近づき、「あたしにも一本くれない。日本語が分からないなんて言わせないわよ」と言うと、林明珠は黙って煙草を友子に渡し、火を付けてやる。そして、「今日が終われば、私たちのような嫌な奴らの顔を見なくてすむよね」と悪態をつく。相手にせずに、友子は「阿嘉のこと好きになっちゃったみたい。恋愛したことないわけじゃないけど、今回はなんか変なの。自分でもよくわかんない」とつぶやく。すると、林明珠がまた「日本人に愛なんてわかるの？」と嫌みを言う。

さすがに友子が「ねえ、あなた日本人に傷つけられたことでもあるの？　なんで、そういう言い方をするの？　もしかして、ダーダーの父親？」と反発する。ダーダーとはバンドでキーボードを弾く少女である。林明珠は少女の母なのだ。今度は、林明珠が黙って答えない。そこへ「きっと男にひどく傷つけられたのね」と友子が追い打ちをかける。間をおいて、答えるでもなく、林明珠は「とっくに心は死んでるわ」と吐き捨てる。

すると、友子は阿嘉の部屋で読んだ手紙の話を始める。

> 私も心が死んでしまった恒春の少女を探してるの。と言っても、彼女はもう80歳くらいで、私と同じ友子っていうの。私、阿嘉のところでね、宛先の住所が見つからない日本の郵便物を見たの。正確に言うと、七通のラブレター。日本のお爺さんが亡くなった後、娘さんが棚の中から見つけて、代わりに出してあげたんだそうよ。でも残念ながら60年以上も前の古い住所だから、誰も覚えてないらしくって。私、実はこっそりその手紙の中身を読んでしまったの。あれは今まで見たことないほど、誠実で、美しい想いよ。老人の心も、きっと治せるはず。

友子の話を聞きながら、林明珠は次第に動揺する。そして、ポケットから紙切れを取り出すと、テラスの欄干を台にメモを走り書きする。「どうしたの？」と友子が聞く。書き終えた紙を友子に押し付けながら、林明珠が「手紙をこの住所に届けて。友子という少女、ここにいるわ」と言う。

驚いた友子が林明珠を見つめ、「どういうこと？」と聞くと、林明珠は苦しそ

うな顔で「私のお婆ちゃんなの」と答える。「だったら、あなたに手紙を渡すわ」と言う友子に、さらに苦悶の表情を見せて、林明珠は「私、お婆ちゃんにとてもひどいことをしたの。だから、もう相手にしてくれなくて。早く行って。早く行ってよ」と言って友子を突き放す。

愛の分からない日本人とはあの教師のことであり、友子の推測が正しければ、林明珠の娘の父親のことであり、すなわち植民地時代から戦後を通し、継続して台湾女性を傷つける日本男性すなわち台湾を搾取する日本のことであろう。

しかも、林明珠が日本人男性に「捨てられた」とすれば、それは1972年に、日本国政府と中華人民共和国政府との「国交正常化」に伴って、大平正芳外相が日華平和条約終了を宣言したことを暗示するのではないか。その結果、中華民国政府は日本政府と「断交」するわけであるが、この一連の出来事を「また台湾は日本に捨てられた」と考えた台湾人は少なくないし、直接そのように言われた経験を持つ日本人台湾研究者も多いだろう。

林明珠は、あの教師の手紙を自分で受け取ることができない。なぜなら、日本を拒絶し、日本に抵抗している彼女は、あの教師と祖母とを、すなわち帝国日本と植民地台湾を媒介することは不可能だからだ。彼女が祖母にした「ひどいこと」が何なのかは不明であるが、それはポストコロニアル台湾における日本語世代と戦後世代との間の断絶を示しているのではないだろうか[12]。

帝国日本とポストインペリアル日本は連続し、常に台湾に対して暴力的で搾取的である。一方、植民地台湾とポストコロニアル台湾は断絶し、ポストコロニアル台湾を象徴する林明珠は日本を拒絶する。それが、林明珠のメッセージではないか。

それでも彼女は、あの教師の手紙を祖母に届けさせようとするのではあるが、それは彼女にとっては植民地台湾が帝国日本の側にあるからではないのだろうか。林明珠から見れば、祖母はいつまでも帝国に恋慕する植民地の象徴なのだ。

アンチインペリアルな視線を、中孝介に向けると、彼は、あの教師の再来で

---

12 さらに穿った見方をすると、それは二・二八事件から白色テロルを通した蒋政権による「本省人」弾圧を暗示するのかもしれない。小島友子は日本時代に女学校教育（作中では「中学校」と呼ばれているが）を受けており、日本統治時代の知識階層に属する家庭の娘であることが容易に想像されるが、彼女の属する階層が、まさに蒋政権による弾圧の対象となった。ここまで考えると、アンチインペリアルな視線は、帝国日本とそれに連続するポストインペリアル日本に向けられているだけでなく、蒋政権という大日本帝国の承継者にも向けられていると解釈することもできるかもしれない。また、そのように解釈したい誘惑に「この私」は晒されている。

あり、今度は阿嘉すなわちポストコロニアル台湾を「好きになっちゃった」現在の友子を日本へ連れ去ろうとしていることになる。ということは、現在の友子は小島友子と同一の立場に立つことになる。アンチインペリアルな視線は、「この私」に現在の友子と小島友子を同一視させる。ふたりの友子は、映像が繰り返し見せてきたように、やはり重なるのだ。

　重なりながら、違いも見えてくる。「泣く泣く手放したのだ」と繰り返しながら、あの教師は「僕らの胸の中の最後の余熱は、完全に冷め切った」とも書いている。やはり、小島友子は置き去りにされた。それも、ラストシーンが描くように、青天白日満地紅旗と国民党兵士の囲みの中に。

　そう考えると、その後の台湾の歴史を知る「この私」には、あの教師の「君の冬が終わり、春が始まったと思い込もう。本当にそうだと思えるまで、必死に思い込もう。そして、君が永遠に幸せであることを、祈っています」という言葉が大いなる詭弁に思えてくる。二・二八事件も白色テロも、戦後日本は見て見ぬふりをしてきたのではないか。そのことを、この映画は糾弾しているのではないか。こうして見ると、七通のラブレターは「誠実で、美しい想い」などではなく、「狡猾で、醜い言い訳」でしかないのではないか。

　小島友子を妻に迎えた男性が台湾にいたはずである。そうでなければ、孫の林明珠は生まれてこない。一切語られることのない小島友子の夫を暗示する存在が、阿嘉ではないか。現在の友子が阿嘉の愛を受け入れたように、小島友子も一台湾男性の愛を受け入れたのだろう。どちらも、日本への抵抗の姿勢の表れではないか。また、現在の友子が、中孝介のレコード会社の誘いではなく、阿嘉の愛を受け入れたということは、アンチインペリアルな抵抗の勝利を象徴するのではないだろうか。

　そもそも、ストーリー開始のきっかけは、町議会議長が地元バンドの参加をコンサート開催の条件としたことだった。アンチインペリアルな視線の下では、これはポストインペリアル日本による音楽侵略への抵抗に見える。

　コンサートに際して、2曲目の國境之南が演奏される際、バンドメンバーたちは断りもなく楽器を変えている。タンバリンを持たされていた茂爺さんは月琴を取り出し、キーボードの少女ダーダーは何と鍵盤ハーモニカである。これもまた、アンチインペリアルな抵抗を象徴するのではないか。

　アンコールで阿嘉が國語で野ばらを歌うことも、アンチインペリアルな抵抗と見なせよう。すると、そこに中孝介が日本語で野ばらの歌詞をかぶせて歌うということは、ポストインペリアル日本による再侵略であり、ファンが喜ぶと

いうことはポストコロニアル台湾が再植民地化されるということではないか。

アンチインペリアルな視線は、自分があの教師や中孝介の側すなわち奪う側にいることを「この私」にしばし忘れさせる。その時、「この私」は帝国日本からもポストインペリアル日本からも自分を切断している。だが、アンチインペリアルな視線は、インペリアルな視線を消すことはない。「この私」は、インペリアルな視線とアンチインペリアルな視線との間で右往左往する。

4　ポストインペリアルな視線

そこで、「この私」はさらに異なる視線を探す。できることなら、インペリアルな視線とアンチイペリアルな視線の対立を止揚したい。そして、新たな地平に立って、この映画を見つめ直したい。そう思うからである。この第三の視線を「ポストインペリアルな視線」と呼びたい。

この視線の出所は、「虹の出る空間」（他に適当な表現が見当たらない）ではないかと感じている。

最初に虹が出るのは、日本と台湾の間の海上である。六通目のラブレターを書いている教師が、引き揚げ船の甲板から虹を見上げる。すると、画面は現在の友子のいる場所へ転じる。彼は船上で「虹の両端が海を越え、僕と君を、結び付けてくれますように」と祈るが、その虹は現在の友子のいる場所に飛ぶというわけである。そして、その虹の下の道を、海角七号の所在地を探す茂爺さんと阿嘉のバイクが行く。

次に虹が出る場所は、コンサート会場である。雨の中「虹が見えるかも」と言っていた中孝介が、リハーサルの合間に「友子さん、虹」と友子に虹を見せる。虹を見た友子は、林明珠と日本語で話し、小島友子の住所を知る。ふたりの会話の場面に虹は映らないが、出ていたはずである。友子から住所を知らされた阿嘉は、手紙を届けに出かけるが、駆け出した阿嘉を見送る友子の背後に虹が出ているからである。そして、阿嘉は、年老いた小島友子を発見し、手紙の箱を届けることができた。

つまり、ふたつの虹は、あの教師、現在の友子、中孝介、林明珠、阿嘉、小島友子を結び付けるのだ。虹は、海を越え、時を超え、台湾と日本、台湾人と日本人を結び付けるというわけだ。だが、それで大団円というわけではなさそうだ。結び付けられる人々は、全てアンビヴァレントな存在だからだ。

あの教師は、台湾の少女を想う人であるとともに捨てる人でもある。彼は、故郷へ向かう人でもあり、故郷を後にしている人でもある。いや、故郷へ向かっ

ているのか、故郷を後にしているのかわからなくなっている人だ。どちらでもあり、どちらでもない。そして、彼は台湾と日本の狭間で虹を見上げる男だ。

　現在の友子は、戦後日本生まれであるが台湾に住み、「日本語」と「國語」はできるが「台語」はできない。彼女には苗字がない。彼女を指し示す記号は、友子という名前だけである。それは、台湾の少女を指しもすれば、日本の女子を指しもする。彼女は、小島友子でもあり、かつ小島友子ではない。彼女は、日本の人であるが台湾の人でもあり、かつどちらでもないのではないか。

　中孝介は、日本で人気の歌手であるが、台湾でも人気の歌手である。彼は、友子を日本に連れ帰りそうな男であるが、阿嘉と野ばらを合唱する男でもある。そして、彼は日本から乗り込んで来て台湾で友子に虹を見せる男だ。

　林明珠は、日本とつながる人でもあり、日本を拒む人でもある。自分は祖母の小島友子と断絶しているが、あの教師と祖母を接続させる。

　そして、阿嘉だ。彼は、台湾の人であることは確からしいが、日本に行きそうな人でもある。友子への告白は「留下來，或者跟你走（残れ、そうじゃなければ一緒に行く）」であった。友子は彼の愛を受け入れ、とりあえず帰国はしないようだが、もし彼女が帰国を決意したら、阿嘉は彼女とともに台湾を去る覚悟だということだ。さしあたり、ふたりは台湾に残るのかもしれないが、将来はどうなのだろうか。いや、ともにいることが重要であって、どこにいるかはもはや重要な問題ではないのだろう。台湾か日本かは、二者択一ではなくなっているのではないか。虹は、遠く離れた両端を結ぶのだから。さらに、演じているのは、アミ族出身の歌手、范逸臣である。そのことを考慮に入れると、彼の出自は曖昧になる。漢人か原住民かも、もはや重要ではなくなるようだ。

　最後に、小島友子である。彼女も台湾の人であることは確かだが、その出自は明らかではない。小島友子は日本名だが、両親とも本島人なのだろうか、それとも父母のどちらかは内地人なのだろうか。高砂族の血は入っているのだろうか、いないのだろうか。埠頭に立つ小島友子を演じているのは梁文音である。それは、彼女が「純粋な漢人」ではないことを示唆しているのではなかろうか。

　虹の空間から、「この私」は、帝国日本、植民地台湾、ポストインペリアル日本、ポストコロニアル台湾の四者を代表／表象する映画の登場人物全員が多義的で曖昧な存在であることを見出す。

　しかし、虹を最初に見たのが日本上陸間近のあの教師であり、また台湾で友子に虹を見せるのが中孝介であり、あの教師と中孝介がイコールで結ばれるということは、「この私」の視座は帝国の側に近いということを意味していると言

Ⅱ 『海角七号』を観る

わざるをえない。そして何より、「この私」は、日本語中心に、日本語言説に基づいて考えている。

さらに、あの教師と中孝介と「この私」は、台湾に関与する日本人男性プロフェッショナルである。関与の仕方は異なるが、この三者はよく似た立ち位置にいる[13]。また、ジェンダーも職業も異なるが、台湾で國語を使って活動する日本人であるという点で、現在の友子と「この私」はよく似た立ち位置にいる。それゆえ、虹の空間からの視線を、ポストインペリアルな視線と名付けざるをえないのである。

既に述べたように、映画の前半で、日本語のナレーションすなわち教師の小島友子宛の手紙の朗読に際して、教師の「友子」という呼びかけが、現在の友子の映像と重ねられることが何度もある。ポストインペリアルな視線の下では、その意味するところは、インペリアルな過去がポストインペリアル日本と連続しており、決して切断できないということになろう。同様に、あの教師を中孝介が演じているということも、インペリアルな過去とポストインペリアル日本との連続性を象徴する。しかし、小島友子が「台湾の人」であるのに現在の友子が日本人であり、あの教師と中孝介とでは職業が異なるということは、インペリアルな過去とポストインペリアル日本との非連続を象徴する。

ポストインペリアルな視線の下では、阿嘉が國境之南のタイトルを海角七号と書き換えたことの意味は、第二次世界大戦における大日本帝国の敗戦とポツダム宣言の受諾およびサンフランシスコ講和条約の調印によって、一度「内地」から切断され、国境の南の存在となった戦後台湾を、植民地台湾へと再接続させる試みに見えてくる。だが、それは植民地台湾との同一化ではない。海角七号という住所は既に存在しないのであり、また歌詞はあくまでも国境の南であ

---

[13] したがって、敢えてひとりの登場人物にポストインペリアルな視座を擬するとすれば、それはポストインペリアル日本を代表／表象する中孝介となろう。しかし、中孝介は、実は奄美大島の出身である。奄美群島は、17世紀初頭、武力侵攻した島津藩が琉球王国から割譲させて直轄支配した歴史を持つ。台湾より早く植民地化された「国境の南」と言ってもよい。そのような歴史を考えるとき、中孝介をポストインペリアル日本の代表／表象と捉えてよいのかという疑問が生まれる。むしろ、日本と台湾の中間に位置する媒介項と捉えるべきなのかもしれない。そうすると、彼があの教師を演じたこと、あの教師の手紙が最後の1通を除き全て台湾と日本の間の海上で書かれたことの意味が、さらに重層的になってくる。中孝介は、どこまでも多義的な存在である。そのうえ、彼は琉球大学法文学部人間科学科地理人類学専攻社会人類学コースを卒業しているのだ。そこまで彼と「この私」がつながっていたとは、正直、強い衝撃を受けた。

る。戦前生まれで日本語世代である茂爺さんがバンドに入っていること、彼が月琴を弾いていることも、阿嘉ら戦後世代メンバーを植民地台湾に再接続するが、阿嘉は國語で歌っているし、彼らの弾く楽器も戦後のものだ。

　そして、「國境之南／海角七号」は、日本人歌手のコンサートのために、また特に現在の友子の様々な働きかけを通して、作成されるという点で、ポストインペリアル日本とポストコロニアル台湾の接続を象徴している。

　さらに、この曲は、あの教師が小島友子に宛てた手紙の影響下にできあがったという点で、帝国日本と植民地台湾とを、ポストインペリアル日本を介して、ポストコロニアル台湾に再接続させる。

　この再接続を強化するのが、アンコール曲「野ばら」の演奏と、阿嘉と中孝介による二言語合唱である。既に述べたように、アンコール曲の演奏を主導／扇動するのは、茂爺さんの月琴による演奏だ。月琴が象徴するのは台湾だろう。彼は普段は日本語で野ばらを口ずさんでいることから、彼の中では台湾的なものと日本的なものが「自然に」融合している。そこに、阿嘉が國語で野ばらを歌うことで、コロニアルな過去とポストコロニアルな現在が接続され、中孝介が日本語で野ばらを歌うことで、ポストインペリアルな現在とも接続される。

　楽器のうえでも、歌詞のうえでも、多文化・多言語の共演が実現され、特に阿嘉と中孝介の二言語合唱は、ポストコロニアル台湾とポストインペリアル日本の対等性を象徴していると見ることができるのではないか。さらに、ふたりの二言語による合唱をファンが大歓声で迎えるということは、ポストコロニアル台湾が主体的かつ自主的に新しい台湾と日本との関係を受け入れているように解釈できる[14]。

　もちろん、ポストインペリアル日本とポストコロニアル台湾との連接を最も象徴するのは、現在の友子と阿嘉の恋愛であろう。阿嘉の「留下來，或者跟你走（残れ、そうじゃなければ一緒に行く）」という求愛の仕方も、ポストインペリアルな視点の下では、インペリアルな過去およびコロニアルな過去との断絶の象徴と見て取れる。あの教師には台湾に残るという選択肢はなく、小島友子には「一緒に行く」という選択肢はなかったのに対し、現在の友子も阿嘉もそのような選択肢を持っているからだ。過去の悲恋と現在の恋愛は、並行しつつ、交差するのである。

　ポストインペリアルな視線は、「この私」に、帝国日本、植民地台湾、ポスト

　14　この解釈については、小笠原欣幸氏の示唆（私信）に負うところが大きい。

インペリアル日本、ポストコロニアル台湾の四者を代表／表象する映画の登場人物全員が多義的で曖昧な存在であること、そして四者間の関係性が複雑で重層的であることを見出させる。

5　三様の日本、三様の台湾

視線の違いによって、異なる「日本像」と「台湾像」が浮かびあがる。インペリアルな視線の下では「愛する日本」と「追慕する台湾」が、アンチインペリアルな視線の下では「捨てる日本」と「抵抗する台湾」が、そしてポストインペリアルな視線の下では両義的で非決定的な日本と重層的で多義的な台湾が、それぞれ浮かんでくるのである。

どれが「本当の日本」なのだろうか。どれが「本当の台湾」なのだろうか。どこかに本当の日本と台湾を見出して落ち着きたいという気持ちになる。しかし、はやる気持ちを抑えて、次の作品に目を転じよう。

III 『セデック・バレ』を観る

　この映画は、台湾原住民の武装抵抗に対する帝国日本の軍事的弾圧という植民地戦争を正面から描く歴史スペクタクルである。しかも「日本人登場人物は、鎌田弥彦（台湾守備隊総司令官）、小島源治（巡査部長）、佐塚愛佑（警部）、吉村克己（巡査）など史実に基づいた軍人や警官が中心」［赤松 2016: 165］で、「物語の主要言語は、セデック語と日本語である」［赤松 2016: 167］。

　しかしながら、ここでは、史実としての霧社事件は問題にせず[15]、あくまでも魏徳聖の描写とストーリーを対象として、「この私」は何を見、何を感じ、何を考えたかを述べていく[16]。登場人物についても、基本的に作中人物としてのみ取り上げる。

1　遠くて異なる世界——インペリアルな視線の弱さ

　第一部「太陽旗」冒頭、「この私」の目に飛び込んできたのは見知らぬ土地の見知らぬ人々であり、「この私」の耳に飛び込んできたのは聞いたことのない言葉であった。

　埔里には行ったことがあるが、霧社には行ったことがない。「山地」は、「この私」にとって別世界である。もちろん「原住民」の知人はいるが、深い交流を持つわけではないし、原住民研究もしていないので、「この私」にとっての「原住民」とは、正直に告白するが、基本的に本の中や博物館の陳列棚でのみ出会

15　霧社事件の研究は、春山明哲『近代日本と台湾―霧社事件・植民地統治政策の研究』［春山 2008］を代表として、多くの蓄積がある。その全てをここで取り上げることは、「この私」の能力を超える。なお、春山明哲氏は三真美恵氏とともに『セデック・バレ』の日本語字幕を監修している。また、春山氏はiOS向アプリ近代日本・台湾史図書館用のコンテンツ『ビジュアル・コンテンツ　台湾・霧社事件への招待』［春山 2013］も作成している。

16　『セデック・バレ』が台湾原住民をどのように表象しているかを先住民研究者の立場から批判的に解説した論考としては、中村［2014］がある。

Ⅲ 『セデック・バレ』を観る

図2 《セデック・バレ》ブルーレイディスク版カバー

う対象である。それゆえ、密林の渓流で展開されるセデック族の戦闘と首狩りのシーンは、日本人としての「この私」にも、台湾研究者としての「この私」にも、遙か遠方の全く異質な出来事にしか見えなかった。

　冒頭のシーンは、モーナ・ルダオ15歳の首狩りという設定なので、1895年のこととなり、下関条約による台湾割譲と日本軍による領台と重なる。そこで、映画は同時進行的に、日本軍による台湾占領戦争を描写する。

　日本軍の軍人は、ちょっと派手すぎるかなと思われる軍服を着ているが、見ればそれとわかる。当然ながら日本語を話しているので、会話も聞けばわかる。しかし、彼らは「この私」と「同じ日本人」とは思えなかった。単に遠い昔の軍隊だからというだけではない。「この私」は戦後日本に生まれ育っており、その日本は「平和主義の憲法を有する文化国家」であって、大日本帝国ではない。彼らは、「この私」にとっては違う国の軍隊なのだ。

　日本軍に抵抗して闘う人々は、弁髪で満服を着ている。言葉は福佬話だから、耳に入る。聞いてわからない言葉であっても、響きは耳慣れている。しかし、髪型と服装は「この私」が実際に目にしたことはなく、やはり本や博物館でしか見たことがない異世界のものだ。

　それゆえ、領台時の抗日武装闘争の描写も、日本人としての「この私」にも、台湾研究者としての「この私」にも、遙か遠方の全く異質な出来事にしか見えなかった。

　この隔絶感は、時代が1930年に飛んでも消えなかった。

　その最大の理由は、この映画に登場する日本人の大多数が警察官と軍人だということだ。しかも、当然のことだが、大日本帝国の警察官と軍人である。映

画の中の警察官はサーベルを腰から下げており、その制服はほとんど軍装に見える。「戦前」の警察は国民を抑圧した組織であったと戦後の日本人は教わっている。そして、カーキ色の大日本帝国陸軍の制服と、部下をどなりつける司令官の姿は、戦後の日本人には、あの「まちがった戦争」を引き起こした元凶を思い出させる。彼らは、「この私」と「同じ日本人」には見えなかった。

　要するに、この映画の描く台湾は、「この私」にとっては、接点のない「遠くて異なる世界」だったのである。第一部「太陽旗」は、モーナ・ルダオたちが霧社公学校の運動会を襲撃するシーンで終わるが、多くの首が飛ぶ殺戮の描写も冷静に見られたのは、霧社事件に関する知識を持っていたからだけではなく、それが「遠くて異なる世界」の出来事としか思えなかったからだろう。

2　日本的、あまりに日本的な！——強まるインペリアルな視線

　しかし、第二部「彩紅橋（虹の橋）」になると、印象がガラリと変わる。まるでNHKの大河ドラマでも見ているかのような錯覚に陥るのだ。敢えて本質主義的に言い切るならば「日本人好み」の「滅びの美学」を日本人の「この私」は第二部に見出してしまうのである。

　第一に、女たちの「集団自決」である。

　蜂起した男たちは、霧社を離れて山中でゲリラ戦に備える。女たちも集落を捨て、衣服や食料を担ぎ、子どもを連れて山中に逃げる。そして、男たちの足手まといにならぬよう、女たちは自死を選ぶ。

　男たちが後顧の憂い無く戦えるように自死を選ぶ女たちの姿は、日本人であれば武士の時代を描いたドラマや映画で見慣れている。また、残された者たちの集団自決というと、日本人は太平洋末期のサイパンや沖縄、満州を思い出さずにはいられない。それゆえ、第二部が始まってすぐの集団自決シーンは「日本的」に見えるのである。

　第二に、花岡一郎＝ダッキス・ノービンと花岡二郎＝ダッキス・ナウイの自決である。

　師範学校を出て警察官の職にあるダッキス・ノービンは、花岡一郎という日本名を与えられている。妻のオビン・ナウイも日本教育を受け、川野花子という日本名を持つ。彼は、妻に和服を着せ、自分も和服に着替えて、妻と向かい合う。妻の花子は、深々と夫に一礼したのち、静に目を閉じる。その妻を、花岡一郎は一刀のもとに斬り殺した後、生まれたばかりの赤ん坊の首を絞め、自身は腹を切るのである。まさに一家心中である。花岡一郎が使うのは「蕃刀」（原

住民の刀）であるが、その死に方は「立派な切腹」に見える。
　腹を切る前に、花岡一郎は、見つめる花岡二郎にセデック語[17]で「俺たちは天皇の赤子(せきし)か？　セデックの子か？」と問いかける。それに対して、花岡二郎はセデック語でこう答える。

　　　切れよ　葛藤を切り裂け　どちらでもない自由な魂になれ

　すると、花岡一郎は「ありがとう」と日本語で言い、腹を切る。
　花岡二郎も警察官であり、日本化した「模範蕃」である。彼の妻は、ホーゴー社の頭目の娘オビン・タダオであるが、やはり日本化し、高山初子という日本名を持つ。花岡二郎も、花岡一郎と同じ立場にいたわけだ。そして、彼も、妊娠中の妻を逃した後、首をつって自害するのである。ただし、花岡二郎のほうは、セデック族の服装であった。
　花岡一郎と花岡二郎の会話は、どう受け止めればいいのだろうか。この点については、後に改めて取り上げる。ここでは、花岡一郎と花岡二郎の自決が、恩と義理の板挟みから逃れるための「日本的な、あまりに日本的な自死」に見えるという点を強調しておきたい。
　第三に、バワン・ナウイと男の子たちである。
　第一部では、バワン・ナウイは終始「子ども扱い」されている。そのため、運動会の襲撃計画も知らされておらず、公学校の校庭に、日本人児童とともに整列している。そこに、セデック族の男たちがなだれ込んでくるのだが、バワン・ナウイは、男の子たちを引き連れ、竹槍を作って襲撃に加わり、いつも殴られていた公学校の教師らを殺す。
　第二部に入ると、バワン・ナウイが他の男の子たちとともに額と顎に刺青を入れてもらう短いシーンがある。いよいよ大人の男の仲間入りをしたわけだ。それでも、女たちの集団自決のシーンでは、男の子たちは別れを告げる母らにすがって泣きじゃくる。それが永久の別れであることを、男の子たちはすぐに悟ったからだ。バワン・ナウイの母は、息子に向かって次のように言う。

　　　立派な戦士になったわね　母さん　嬉しいわ
　　　虹の橋を渡って待ってる　戦いが終われば会えるから

17　以下、セデック語の引用は全て字幕による。

人類学者、台湾映画を観る
　　　ついて来てはダメ　最後まで戦うのよ

　母たちに諭され、今や一人前の男になったはずのバワン・ナウイと男の子たちは、死を決意した女たちを残し、戦う男たちに加わる。そして、山中のゲリラ戦に加わり、八面六臂の活躍を見せるのである。バワン・ナウイは、最後には日本兵ひとりを道連れに崖下に落ちて戦死する。
　バワン・ナウイと男の子たちを見て、白虎隊だなと「この私」は思った。そう思うと、第二部が描く男たちの戦い全体が、多くのドラマや映画で繰り返し目にした幕末の会津戦争に見えてきた。勝ち目のない絶望的な戦いのなかで、男たちばかりでなく女も子どもも次々と命を落としていく様子が、会津城籠城戦の物語に重なったのである。それは、「この私」が東北人だからというだけではないだろう。白虎隊の悲劇は、日本のナショナル・ストーリーの一部となっている。バワン・ナウイに白虎隊を重ねさせ、この映画の描く戦いに会津戦争を重ねさせるのは、「この私」の内に潜む「ナショナルな何か」だと思う。それが何なのかは、明瞭に自覚できないが。
　最後に、鎌田弥彦の語りである。日本と違い真っ赤に咲き誇る台湾の山桜の下で、鎮圧部隊を指揮した鎌田弥彦が言う。

　　　300人の戦士が　数千人の大軍に抵抗して　戦死しない者は自決したとは　日本から遙かに遠い　この台湾の山岳で　我々大和民族が　100年前に失った　武士道の精神を見たのだろうか？　それとも　この土地の桜が　こんなにも赤く　咲き誇っているからなのか？

　すると、後に控える警察官の小島源治が「いえ　今年は咲くのが早すぎます　まだ桜の季節ではありません」と答える。そういう小島の顔を、鎌田はしげしげと眺め、落胆したように目を落とすと、パナマ帽をかぶり、黙って歩み去る。
　小島源治は、セデック語も流暢な「蕃地通」であり、この映画でも重要な役割を果たしている。小島については後に改めて検討するが、ここでは、彼の答えが、この暴動は野蛮人の狂気のなせる業だったと思いたいという鎌田弥彦の一縷の望みを打ち砕き、セデック族戦士は武士道精神を示したという解釈を決定的にしたのだと「この私」には見えたことを確認しておきたい。
　鎌田弥彦は、当初、蜂起した「蕃人」を「戦士」と呼ぶもうひとりの警察官樺沢重次郎を一笑に付し、蜂起を「動物的な野蛮行為に過ぎない」と切り捨て

ていた。その鎌田も、モーナ・ルダオたちを戦士と呼ばざるを得ないところまで追い込まれたというわけである。

「赤すぎる桜」は、第一部・第二部を通して繰り返されるモチーフである。この桜のイメージは、モーナ・ルダオが幾度も語る虹の橋の向こうの祖霊の住む世界と重なり合って、日本人である「この私」に、どうしても靖国神社を想起させてしまう。

このように、第二部を見終えた頃には、セデック族の「抗日」が「日本的、あまりに日本的」な義挙に思えてくる。インペリアルな視線は、抵抗する台湾原住民をも帝国日本に包摂してしまうのである。

3　雄々しき益荒男ぶりの普遍性——人類学者の視線

しかし、鎌田弥彦の台詞にそそのかされて、モーナ・ルダオらを武士と見てしまっていいのか、いや、そもそも武士道とは「日本的、あまりに日本的な」精神なのか。そう問い直させてくれたのは、「この私」のなかの「人類学者」である。

鍵は、第一部でモーナ・ルダオが蜂起を決断する場面にある。若い男たちに詰め寄られたモーナ・ルダオは、そのひとりテムに「お前の親父はなんと言ってた？」と問いかける。彼の答えはこうである。

　　　"モーナ頭目の手を借りて真の男になれ"と
　　　祖先の霊に恥じぬ姿で虹の橋を渡るためです

モーナ・ルダオは、取り囲む若い男たちを見やる。モーナ・ルダオの視線をなぞるように、カメラはパンする。次々と映し出される者たちの額と顎には刺青がない。刺青があるのは、モーナ・ルダオの長男タダオ・モーナだけである。つまり、タダオ・モーナ以外、首を狩ったことがないわけだ。

モーナ・ルダオは、「単なる復讐」ではなく、「祖先の霊に血の生贄を捧げる儀式」を決断する。

　　　明日の朝　全員で霧社に向かう　血を捧げる儀式のために

そう言いながら、モーナ・ルダオは、娘婿サプの額と顎を人差し指と中指でなぞり、刺青を入れる格好をするのである。首を狩って真の男になれ、と言う

かのように。

　第一部中盤、幼いモーナ・ルダオに父親が次のように語るシーンがある。

　　　　この大地に生きる者たちは　神から限りある命を与えられている
　　　　だが我々は真の人だ　真の男は戦場で戦って死ぬ
　　　　そして祖先の霊が住む天上の家へと向かう
　　　　祖先の家の周りには　美しく豊かな狩り場がある
　　　　真の男だけが　この祖先の狩り場を守る資格を持つ
　　　　真の男が祖先の家へ行く時は　大きな虹の橋を渡って行くのだ
　　　　橋を守る祖先の霊がお前に尋ねる　"手を見せてごらん"
　　　　男が手を開くと　洗っても落ちない血の痕がある
　　　　それを見て　祖先の霊が言う
　　　　"まさしく真の男の手だ"　"橋を渡るがいい"
　　　　"お前は真のセデックだ"　"祖先の家に入ることを許す"
　　　　"名誉ある狩り場を"　"永遠に守るにふさわしい"

　日本統治下、首狩りを禁止されたことで、セデック族の若い男たちは「真の男」になる道を閉ざされた[18]。自分は、虹の橋を守る祖先の霊に血塗られた手を見せることができる。しかし、自分の息子たちの世代はそうではない。それが、モーナ・ルダオが抱える最大の問題なのだ。

18　実は、モーナ・ルダオの父は、次のようにも語っている。

　　　そして真の女は戦う男のために　赤い布を織らねばならん
　　　女たちが虹の橋を渡る時手を見せると
　　　こすっても取れないタコができている
　　　"さあ　渡りなさい"　"お前こそ真の女だ"
　　　そして橋を守る祖先の霊が言う
　　　"祖先の家に入ることを許す"　"今度は自分のため"
　　　"虹のように美しい服を居るがいい"

　女たちは、日本統治下になっても、タコができるほど機を織っていたことだろう。そうだとすると、娘たちは「真の女」になり、虹の橋を渡って祖先の家に入ることができることになる。ところが、息子たちはそうではない。日本の植民統治は、セデック族に深刻なジェンダー問題をもたらしたのではないか。そういう想像も、「人類学者」である「この私」の頭をよぎった。

Ⅲ 『セデック・バレ』を観る

　第一部の冒頭、若きモーナ・ルダオが首狩りを果たした後、刺青を入れてもらうシーンでは、刺青を入れる女性が次のように語る。

　　モーナ
　　祖先に血の生贄(いけにえ)を捧げた　この刺青(いれずみ)は一人前の男になった証(あかし)だよ。
　　これからは祖先が定めた掟(ガヤ)によく従い　狩り場を守りなさい
　　それがお前の務めだ
　　いつか祖先の霊が虹の橋で　お前の勇敢な魂を迎えてくれる

　この語りの後に、第一部のタイトルバックが映されるのだが、「ガヤ」は、この映画全体のライトモチーフである[19]。ガヤには、日本語字幕では「掟」という漢字があてがわれているが、それは守り通すことができなければ人の道にはずれるような掟であり、生と死に意味を与える根本的な価値であり、それゆえに誇るべき伝統であると解釈すべきだろう。敢えて一字の漢字を当てるとすれば「道」であろうか。
　そして、「人類学者」である「この私」が注目したのは、男にとって最も大切なガヤが、敵を屠り、その首を狩り、「祖先に血の生贄を捧げ」ることなのだという点だ。「洗っても落ちない血の痕」を己の手につけなければ「真の男」になれないのであり、「真の男」になれなければガヤを守ったことにはならないのである。モーナ・ルダオにとっては、息子たちの世代の若者に「真の男」になる機会を与えられないことも、頭目としてガヤに反することだったろう。彼らを「真の男」にするために、モーナ・ルダオは決起したのだ。
　蜂起に最後まで反対していたホーゴー社の頭目タダオ・ノーカンが、ついに蜂起への参加を決意する動機も、ガヤであった。「勝ち目がないと知りながらなぜ戦う？」と詰問するタダオ・ノーカンに、モーナ・ルダオは言う。

　　掟(ガヤ)のためだ　刺青ひとつない若者たちの顔を見ろ
　　この子たちは虹の橋を渡れない　真の男になる力があっても証がない

19　脚本・監督の魏徳聖自身、特典ディスクに収録されたインタビューのなかで、この言葉をセデック族の長老たちが繰り返し口にするのを聞いて、蜂起の動機はこれだと考えるようになったと述べている（魏徳聖・呉宇森・張家振・黃志明 2013）。

タダオ・ノーカンは「掟か」と呟き、「そうだ」[20]と答えるモーナ・ルダオに向かって、なお「日本人と戦えば殺される　死んで何が得られる？」と問い返す。モーナ・ルダオは、「セデックの誇りだ」と言いながら持っていた銃をタダオ・ノーカンに突き出す。覚悟を決めたタダオ・ノーカンは、その銃を受け取る。

　既に述べたように、バワン・ナウイは、日本兵を道連れに戦死したのだが、その首を持ってタウツァ蕃の男が報奨金をもらいに来るシーンがある。首を机の上に置き、「100円」と男は叫ぶ。それに対して警察官が「これは明らかに子供じゃないか」と言うと、男は「何が子供だ。顔の刺青が見えないのか」と言い返す。首はアップにならないので、首の見定め役が「これはマヘボのバワン・ナウイ」と言って、ようやくその首がバワン・ナウイのものだと気づくのだが、この会話からも、セデック族の見地に立てば、少年バワン・ナウイは「真の男」であったとわかるのである。バワン・ナウイは、「真の男」たちの一員として、虹の橋を渡る。

　タウツァ蕃トンバラ社のタイモ・ワリスが「味方蕃」として日本軍の側に立って戦うことになるのも、「真の男」になるためだ。彼は、小島源治に向かってこう言う。

　　　我々が戦うのは義を貫くためだ　死んだお前の家族の復讐のためではない

　「義を貫く」とはどういう意味なのかは、タイモ・ワリスと息子の会話が明らかにする。夜、息子は父に問いかける。

　　　父さん　一番　勇敢な戦士だけが　豊かな狩り場を守れるんでしょう？
　　　父さんたちがモーナ・ルダオと戦うのは
　　　どちらが勇敢な戦士か祖先の霊に見せるため？

　逡巡しながら、タイモ・ワリスは何度か頷く。息子はさらにこう続ける。

　　　虹の向こうへ行ったら　みんな永遠の友達になって
　　　仲良くなるんだよね？

20　セデック語の発音は「ガヤ」の一言に聞こえた。

III 『セデック・バレ』を観る

　タイモ・ワリスの答えは「たぶんね」であった。
　実は、バワン・ナウイが同じような言葉を日本語で口にしている。日本人の教師を殺し、奥の部屋に隠れていた日本人女性と子どもを襲うときのことだ。

　　　哀れな日本人たち　一緒に我ら祖霊の天の家へ行き　永遠の友人になろう

　公学校の同級生らに向けて発した言葉であるが、首を狩られるのも名誉ある死であり、名誉ある死を遂げれば、「真の男」あるいは「真の人」として、祖先の家に行けるという思想が表わされている。
　命を奪い、首を狩ることは、単なる殺人ではない。あくまでも祖先に血の生贄を捧げる儀礼である。そして、潔く戦った者たちは、互いに「真の男」あるいは「真の人」と認め合うのである。
　タイモ・ワリスは、渓流のなかでのピホ・サッポらの一団との戦いで命を落とすのだが、それはモーナ・ルダオと「どちらが勇敢な戦士か祖先の霊に見せるため」の戦いであった。待ち伏せされ、不利な戦いを強いられたタイモ・ワリスらは逃げようとしたのだが、追われながら振り返ったタイモ・ワリスの目には、追ってきたピホ・サッポが若き日のモーナ・ルダオに写ったのだった。それは、幼少期に初めて会った時に「お前を殺す」と言った、あのモーナ・ルダオであった。「モーナ」と叫んで刀を抜いたタイモ・ワリスは、「奴らの首を狩って祖先の家へ行くんだ」と叫び、ピホ・サッポらに立ち向かっていく。そこで繰り広げられるのは、男たちによる「真の男」になるための戦いである。「人類学者」の「この私」には、そう見えた。
　このように考えてくると、モーナ・ルダオたちの戦いぶりと死に様は、戦国時代の戦いや「武士道精神」に結びつけるべきではなく、なによりも男性性を確立するための儀礼と見なければいけないことに気づく。
　それを日本人である「この私」は日本に引きつけてしまいがちなのだが、それは男性性を確立する儀礼の典型が日本では武士の戦いぶりと死に様としてドラマや映画で描かれがちだからなのだ。
　セデック族の男性性は、地中海諸文化におけるマチスモや、トラック島民にとってのプゥアラ、漢族文化における男子漢や男子気に通じるものである［沼崎 2014: 668］。もしも「この私」が「中国人」であったなら、この映画を見て想起す

るのは『三国演義』や『水滸伝』だったかもしれない。どちらの書でも、首が飛ぶ。

そして、「この私」も、男性として、戦う男たちの男らしさは素直に納得できる。フェミニズムの洗礼を受けて男性性の批判的研究に携わる「この私」も、幼い頃から男として育てられ、男らしさを内面化しているからである。

要するに、モーナ・ルダオたちが示す「雄々しき益荒男ぶり」は、世界の多くの男たちに理解可能・共感可能なものなのだ。そうだとすれば、この映画を「日本的、あまりに日本的」に解釈することは、注意深く避けなければならない。鎌田弥彦の言葉に流されてはいけないのだ。

日本人であり台湾研究者である「この私」は、ややもすると台湾と日本のみを視野に入れて大日本帝国と台湾の関係を読み解こうとしがちだ。しかし、それは危険だよと「この私」のなかの人類学者は警鐘を鳴らすのである。

4　樺沢重次郎は「この私」ではないか——人類学者の視線の再検討

「人類学者」としての「この私」が最も共感を覚えた登場人物は、警察官の樺沢重次郎である。彼の登場シーンは4回ある。

1度目は、花岡二郎に代わって、霧社にやってきた江川博通警察課長の視察の案内役を務めるシーンである。佐塚愛祐警部が「樺沢を連れて行きましょう。彼も蕃人通ですから」と言うだけなのだが、このシーンの前に佐塚愛祐は十数年霧社に勤務し、妻も「蕃人」であり、セデック語にも堪能なことが描かれているので、その佐塚が「蕃人通」と言うほどであるから、セデック族の文化に精通した人物であることが推察される。

2度目は、鎮圧部隊を指揮する鎌田弥彦に対して、後藤警部とともに蜂起の状況について説明するシーンである。「ここを管轄している警察で霧社地区の蕃人情報を熟知しております」と、後藤警部が樺沢を鎌田弥彦に紹介する。樺沢は、机の上に地図を広げ、次のように語る。

　　　司令官　我々の調査では
　　　蜂起に参加したのは6つの部落　約300人の戦士です

この「戦士」という表現を鎌田はからかうのだが、樺沢は続ける。

　　　彼らは昨晩未明　各部落ごとに単独で行動

Ⅲ 『セデック・バレ』を観る

当地[21]の駐在所を襲撃した後　改めて集結し　霧社を包囲攻撃しました
以上の点から我々は　今回の事件は突発的なものではなく
最初から綿密に計画されたものだと　判断しています

　鎌田弥彦は、「綿密な計画」という樺沢の言葉を一笑に付す。その鎌田の解釈が最後に一転するのは既に述べたとおりであるが、ここでは、樺沢が「戦士」というセデック族の価値観を受入れ、「客観的」にモーナ・ルダオらの行動を分析している点を強調しておきたい。それが、鎌田弥彦から見れば「かいかぶり」となるのであるが。
　３度目は、鎌田弥彦が「軍司令部に　びらん性ガス砲弾を申請しろ」と命じた時だ。樺沢は、驚いて「びらん性」と呟きながら鎌田を見やり、苦渋の表情で下を向く。
　４度目は、首をつって自死を図ったマホン・モーナが「保護蕃収容所」で息を吹き返すシーンである。マホン・モーナはモーナ・ルダオの娘であり、夫のサプは既に自死し、幼い子どもも毒ガスを浴びて命を落としている。子どもの亡骸を崖下に投げ捨てた後、彼女は首をつったのだった。
　彼女が目覚めたことに気づいた衛生兵が、樺沢を呼びに走る。衛生兵は「女が目を覚ましました」と言うだけだが、樺沢は「マホンが？」と名を口にするのである。枕元に駆けつけた樺沢は、セデック語で語りかける。

　　　樺沢だ　僕を覚えてるか　以前　君の家を　訪問したことがある

　字幕では「君の家」になっているが、モーナ・ルダオという音が聞こえるので、モーナ・ルダオの家を訪ねたという台詞なのだろう。
　この４つのシーンを眺めながら、自分がもしこの時代の霧社の警察に勤めていたら、樺沢重次郎のような警察官だったのだろうかという思いが去来した。
　この映画のなかでは、樺沢重次郎は、暴力をふるってはいないし、「蕃人」を蔑視するような発言もしていない。セデック語を身につけ、セデック的な価値観と行動を理解してもいる。生き残ったセデック族の女性へ気遣いも見せている。樺沢は、「良い日本人」に見える。しかしながら、その彼も、警察官であり、鎮圧する側の一員として動いているのである。「蕃人通」であることによって、

21　字幕は「当地」となっているが、実際の発音は「現地」に聞こえる。

鎮圧する側に有益な道具となっているとさえ言える[22]。

人類学が擬人化されているなと、「人類学者」である「この私」は思わずにはいられなかった。どんなに「良い人類学者」であっても、どんなに「客観的」な研究をしようとも、植民地の人類学者は、樺沢重次郎でしかないのだ。

そう考えたのは、植民地台湾における人類学の歴史を想起したからだ[23]。

1928年に臺北帝國大學が創設された際、福島県出身でハーバード大学を卒業した移川子之藏が教授として着任、土俗・人種学教室を開いている。正式な人類学講座としては、「日本初」であった。霧社事件勃発の2年前のことだ。それ以前から、日本人による「蕃族」調査は行われているが、1928年以来、臺北帝國大學土俗・人種学教室が中心となって高砂族調査が組織的に行われるようになる。「日本」の人類学の出発点は、大日本帝国の最初の植民地台湾における「蕃族」研究にある。この歴史を知っているがゆえに、映画のなかに人類学者は登場しないのだが、霧社の駐在所の警察官たちに人類学者を重ねずにはいられなかったのである。

さらに問わなければならないのは、ポストインペリアル状況を「人類学者」として生きる「この私」は、相変わらず樺沢重次郎であり続けているのではないかということだ。ポストインペリアルな人類学者と、インペリアルな人類学者との間には、いかなる接続と断絶があるのか。

その答えは未だ出せてはいないし、簡単に出してはいけないのだろう。

ここで確認しておきたいのは、「この私」のなかでは「人類学者」の視線のほうがインペリアルな視線よりも強かったと『セデック・バレ』は気づかせてくれたということだ。

この映画は、大日本帝国も台湾もセデック族も越えて、「植民国家と先住民」という大きな人類学的関心を「この私」のなかに呼び覚ました。その結果、「この私」が想起したのは、アメリカ合衆国の「インディアン戦争」[ブラウン2013]であり、大英帝国とマオリ族とのあいだの「ニュージーランド戦争」[Belch 2015]であり、明治以前の「蝦夷地」におけるコシャマイン戦争やシャクシャイン戦争[新谷1972]であった。

---

22 ホーゴー者の頭目タダオ・ノーカンの娘で花岡二郎の妻となったオビン・タダオ（高山初子）の証言[中村2000: 70-71]によると、実際の樺沢重次郎は、霧社事件の後、功績を認められて警部補の昇進、さらに「蕃人通」ぶりを発揮して日本人を殺害した者の割り出しを行っていたという。史実は、映画の描写とは異なるようだ。

23 より詳しくは中尾勝美の研究[中尾2013]を参照されたい。

霧社事件と「同じような」悲劇は、地域を越え、時代を超えて繰り返されたのだという思いは強まっても、ポストインペリアル日本に生きる「この私」とコロニアル台湾に生きたセデック族との具体的な接点を見出すには到らなかったのである[24]。

5　モーナ・ルダオから阿弖流為(アテルイ)へ──強まるアンチインペリアルな視線

しかしながら、この映画を通して「想像」できる世界があった。それが、蝦夷(えみし)の国であった古代(いにしえ)の東北である。東北人である「この私」には、どうしてもモーナ・ルダオが阿弖流為(アテルイ)に重なって見えるのだった。

阿弖流為は、平安時代初期、奥州に侵攻する大和朝廷に抵抗した蝦夷の指導者である。延暦8年(789年)有名な胆沢合戦で朝廷軍に勝利し、その後も抗戦を続けるが、延暦20年(801年)征夷大将軍坂上田村麻呂の軍に完敗する。翌延暦21年(802年)、阿弖流為は投降、京の都に送られて斬首される。詳しい史実は、もちろん不明である。しかし、阿弖流為の悲劇は、いつも中央に虐げられているという怨念の消えない東北人の共感を呼ぶ。

たとえば、岩手県生まれの作家高橋克彦の小説『火怨　北の耀星アテルイ』が、そのような共感から書かれている［高橋2002］。2013年には、NHKがこれを原作とするドラマ『火怨・北の英雄アテルイ伝』を製作し、BSと総合テレビで放送している［NHK n.d］。東日本大震災の衝撃もさめやらぬ時期の放送だったこともあり、大沢たかお演じるアテルイは再び東北人の心に響いた。

『セデック・バレ』を見ながら、東北人である「この私」は、大日本帝国を

24　野嶋剛は『セデック・バレ』について「日本人にはあまり受けの良くない作品かもしれないが、…本作の内容は反日というより、尊厳を傷つけられ、生きる場を奪われた人々の心情を理解しない態度が悲劇の引き金になる教訓を伝えるもので、私は見ていて日本人として自責の念を抱いた」と書いている［野嶋2015: 24］。

しかし、「この私」は「日本人として自責の念を抱」くことはできなかった。既に述べたように、鎮圧する側の日本人は「この私」にとっては「違う日本人」であったことが大きい。樺沢重次郎には親近感を覚えたが、その親近感が私に抱かせたのは「人類学に対する疑念」あるいは「人類学者としての自己批判の必要性」というアカデミックな「学責の念」であった。

もちろん、植民地台湾における人類学を可能にしたのは、「違う日本人」たちによる征服と平定であったのだから、アカデミックな「学責」は、広い意味での植民統治責任の一部であり、そういう意味で、「この私」は「違う日本人」たちと無関係ではない。しかし、「この私」は、この映画を見ていて直接的に「日本人としての自責の念を抱」くことはできなかったし、抱くべきだとも思わなかった。

大和朝廷に、鎌田弥彦を坂上田村麻呂に、そしてモーナ・ルダオを阿弖流為に重ねていたのである。つまり、「この私」は、日本人を離れて、思いっきり「蕃人」に感情移入し、自分を「抗日」の側に置いていたことになる。

　もちろん、「この私」は蝦夷の末裔でも何でもない。いや、蝦夷に連なるかどうかなど、調べようがないし、知りようもない。「この私」と帝国日本との間に存在する個人的つながりのような結びつきを、蝦夷との間に確認することなど不可能である。しかしながら、現在の「東北」が置かれた状況が、とりわけ東日本大震災後の現状が、「この私」に古代東北の蝦夷の国を「認同」(共感的にアイデンティティを認識)させるのである[25]。

　そして、蝦夷の国から、モーナ・ルダオにも「認同」しつつ、「この私」はアンチインペリアルな視線を帝国日本に向け、植民地台湾の抵抗する原住民を、現代日本の「被災地」東北に接続したくなるのであった。

6　アンチインペリアルな視線の揺らぎ、そしてポストインペリアルな視線へ

　しかしながら、それは不可能であることを「この私」は知っている。史実には触れないと断ったが、歴史上の人物としての小島源治は宮城県の出身だということが「この私」には「重荷」となってのしかかってくる。遠く阿弖流為に連なり、戊辰戦争の屈辱も記憶しているはずの東北人が、台湾の地でモーナ・ルダオを弾圧する側に立つ。東北人もまた「割れない」のである。この史実を知っている以上、「この私」は容易にモーナ・ルダオを阿弖流為に重ね、大日本帝国と大和朝廷を他者化することはできないのである。思い起こせば、植民地台湾の初代民政長官となった後藤新平も、彼に招聘されて総督府で働いた新渡戸稲造も、東北出身である。東北出身者もまた帝国日本の一員として、それも主要なエージェントとして、植民地台湾の統治と経営に携わった。帝国日本「内地」の一地方である東北と、植民地台湾とは、決して等置できないのだ。

　そこで、「この私」は、再びインペリアルでもアンチインペリアルでもない視線を探し求めることとなる。そして、「この私」は苦悩するふたりの登場人物に想いを巡らすこととなった。小島源治と花岡一郎である。

25　もしかしたら、「あの監督」魏徳聖も、現在の台湾の状況からコロニアル台湾を「想像」し、モーナ・ルダオたちと霧社事件を「認同」したのではないか。さらに言うなら、「あの監督」のなかでは、霧社事件と二・二八事件も重なっているのではないか。魏徳聖の製作意図を論じることは本書の目的ではないが、この映画のモーナ・ルダオは、阿弖流為を経由し、「あの監督」の「思い」を「この私」に「想像」させた。

Ⅲ 『セデック・バレ』を観る

(1)小島源治の両義性

　『セデック・バレ』で重要な役割を演じるのが小島源治巡査部長だ。小島源治は、モーナ・ルダオの宿敵タイモ・ワリスが頭目を務めるタウツァ蕃トンバラ社に駐在する警察官である。セデック語も流暢で、タウモ・ワリスとは互いに「友達」と認める仲である。

　小島源治は、マヘボ社の吉村克己巡査のように威張り散らして暴力をふるったり、杉浦孝一巡査のように女性に手を出したりすることなど決してありえない。タダオ・モーナらが吉村巡査にケガを負わせる事件が起きた後、花岡一郎が花岡二郎に言う。

　　　吉村や杉浦は　小島さんとは違う　我々を蔑視している
　　　小島さんがマヘボの駐在なら　こんなことには

　つまり、小島は「良い日本人」である。そして、「良い日本人」は、帝国の側に立ちながらも、原住民の側にも深く関わり、その代弁者であるという意味で、帝国日本と植民地台湾の狭間に位置する。それは、インペリアルとアンチインペリアルの対立を止揚したいと願う「この私」にとっては、とても興味深い立ち位置ということになる。

　小島は、山中でマヘボ社とトンバラ社が遭遇した際にも、見事にその場を収め、事なきを得る。しかし、そこで小島の息子が言う。

　　　お前の狩り場　俺の狩り場だって？
　　　すべて俺たち日本人のものじゃないか

　子どもが発したこの言葉は「良い日本人」である小島もまた紛れもなく「支配する日本人」のひとりであることを暴露していると「この私」は思った。どんなに理解があっても、小島は台湾を「領有する者」なのだ。

　モーナ・ルダオ蜂起の報をトンバラ社に届けた若者タクンは、「一緒に戦おう　そいつも殺せ」と小島に刀を向ける。それを制して、タイモ・ワリスが言う。

　　　許さん　小島は友達だ　悪い日本人たちとは違う

　しかし、「良い日本人なら服従するのか」と言われ、タイモ・ワリスは返答に

窮する。この状況で、小島は切腹する覚悟を見せながら、次のようにタイモ・ワリスに言うのである。

> モーナ・ルダオから受けた　屈辱を思い出せ
> あの日"いつか殺す"と　言われた
> 忘れたのか？　連中と心中したいか？

しかし、タイモ・ワリスが思い出したのは、小島と共に山中で遭遇したモーナ・ルダオではなく、遠い昔「タイモ・ワリス　その前に殺してやる」と言った若きモーナ・ルダオであった。そのことが、既に考察したように、タイモ・ワリスが日本側に立って戦った動機は植民地支配以前からの「男と男の闘い」にあることを示している。

ここで確認しておきたいのは、小島源治が、セデック族に関する知識に基づき、タイモ・ワリスを操ろうとしたということだ。この時点では、まだ妻子が殺されたことを小島は知らない。しかし、小島には「日本人のもの」である霧社の秩序を維持する責務がある。その責務を果たすべく、小島は精一杯セデック族を操ろうとするのである。

そして、タイモ・ワリスらとマヘボ社の集落を攻撃した際には、小島は、追いつめられて自死を選んだサプが首を落とされるのを平然と眺め、集落を「焼き払え」と言い放つ。この時は、既に家族の死を小島は知らされている。

小島源治とタイモ・ワリスの対決はもう1度ある。自死した女たちの姿を目にしたタイモ・ワリスが、もう戦わないと言いだした時のことだ。小島は怒鳴り出す。

> 貴様！　戦わないとはどういうことだ　戦わないとはどういうことだ
> 拾え　銃を拾え

だが、タイモ・ワリスは言う。

> 我々が戦うのは義を貫くためだ　死んだお前の家族の復讐のためではない

すると、小島はサーベルを抜くのである。後藤警部になだめられ、それで2

Ⅲ 『セデック・バレ』を観る

人の切り合い避けられるが、タイモ・ワリスを見つめる小島の目から涙がこぼれる。小島の涙は、いろいろな意味を含む悔し涙のように「この私」には見えた。「良い日本人」であったにもかかわらず事件を防げなかった悔しさ、事件がタイモ・ワリスとの友情を引き裂きかねない悔しさ、「良い日本人」をかなぐり捨てて敬愛するセデック戦士を虐殺しなければならないという悔しさである。

最後に、「武士道の精神を見たのだろうか」と語った鎌田弥彦が兵らと歩み去るなか、小島が赤い桜の下で立ち尽くす映像に重ねて、次のような説明文が中国語で示される。

　　　事件後　小島源治は　タウツァ蕃を扇動
　　　タイモ・ワリスの仇討ちを理由に収容所を襲い　生存者を殺害した

セデック族の理解者であり、タイモ・ワリスには友達と呼ばれ、「悪い日本人とは違う」小島源治が、セデック族を理解していたにもかかわらず、いやそれゆえ巧みに、彼らを操り、扇動したと、この映画は描くのである。小島源治は、結局は「悪い日本人」だったのだろうか。そうではないと彼の涙が訴えている。そうではないが、「悪い日本人」とともに帝国の側に彼は立たざるをえなかった。それでは、ポストインペリアル状況にある「この私」はどうだろうか。立ち尽くす小島の姿が、「この私」に突き刺さる。

(2)花岡一郎の両義性
　言うまでもなく、花岡一郎は、「日本化」した「蕃人」であり、帝国日本と植民地台湾の結節点に立つ。その立ち位置は、インペリアルとアンチインペリアルの狭間にあるという意味で、ポストコロニアル／ポストインペリアルな立ち位置と比べうる。
　あるシーンで、モーナ・ルダオは、花岡一郎を本名で呼び、こう問い詰める。

　　　ダッキス　死んだら　日本の神社に入るのか？　それとも祖先の家か？

いよいよ蜂起の気配を察した花岡一郎が、再度モーナ・ルダオを訪ねる場面で、モーナ・ルダオは花岡一郎に再度問いかける。

　　　ダッキス　この前　答えなかったな　死後は日本の神社に入るか

人類学者、台湾映画を観る

　　　それとも祖先の家か　ダッキス　いや　花岡一郎

　それに対して花岡一郎は「俺はセデックの男です」と答え、もはやモーナ・ルダオらを止めようがないと悟って、蜂起への協力を約束するのである。
　花岡一郎が妻子を道連れに和服で自死を遂げたことは、先に触れた通りである。そのとき、花岡一郎は、見つめる花岡二郎にセデック語で「俺たちは天皇の赤子（せきし）か？セデックの子か？」と問いかけたのだった。花岡二郎が、やはりセデック語で「どちらでもない自由な魂になれ」と答える。すると、花岡一郎は、死んで横たわる妻の上の虚空を見つめながら、日本語で「ありがとう」と言って腹を切る。この「ありがとう」の意味は何か。
　第二部の最後に、モーナ・ルダオを先頭に、セデック族の戦士たちが虹の橋を渡るシーンがある。そのなかに、セデック族の服装をした花岡一郎＝ダッキス・ノービンもいる。ということは、彼はセデックの男ダッキス・ノービンとして、祖先の家に入ったのだろう。だが、彼には戦士の証の刺青がない。それで、祖先の家に入れるのか。妻子を殺し、己の腹を突き刺した彼の手には「洗っても落ちない血の痕」がついているのだろうか。それが証となって、祖先の家に入れるのだろうか。
　しかし、そうした疑問は実は無意味なのかもしれないのだ。ここで、バワン・ナウイの言葉を思いだそう。

　　　　哀れな日本人たち　一緒に我ら祖霊の天の家へ行き　永遠の友人になろう

　既に述べたように、首を狩られるのも名誉ある死であり、名誉ある死を遂げれば、「真の男」あるいは「真の人」として、祖先の家に行けるという思想を、バワン・ナウイは表明している。そうだとすると、日本人か「セデック族」かという問い、「日本の神社」か「祖先の家」かという問いは、究極的には解消されるのではないか。「雄々しき益荒男（ますらお）ぶり」を示せば、民族の壁を越え、支配者－被支配者の差別を超え、「永遠の友人」になれるのだというメッセージを、「この私」はバワン・ナウイから受け取った。
　繰り返すが、命を奪い、首を狩ることは、殺人ではない。あくまでも儀礼である。この儀礼を通して、バワン・ナウイと日本人は「真の友人」となる。
　ここまでくると、花岡一郎の「ありがとう」の意味が見えてこないだろうか。

セデック族の「祖先の霊」は、花岡二郎の口を借りて、セデックの男ダッキス・ノービンの魂を自由にした。そして、潔く「切腹」する日本人花岡一郎の魂を、彼の見つめる虚空の彼方の「日本の神社」も、やはり自由にしたのではないか。だから彼は日本語で「ありがとう」と言って果てたのだ。花岡一郎の自死のシーンを、そう解釈したい「この私」がいる。

　それは、ポストインペリアル状況に置かれながら、そこから解放されたい「この私」にとって、これが誠に都合のよい解釈だからなのかもしれない。それはまた、男性である「この私」が雄々しく戦う男たちの人種や民族を越えたホモソーシャルな連帯にからめ捕られているからなのかもしれない。

　そのような危険性を自覚しながらも、「この私」は、花岡一郎＝ダッキス・ノービンは、花岡二郎が言ったように、「どちらでもない自由な魂」になれたのだと思いたい。そして、「どちらでもない」とは「どちらでもある」という意味でもあるとも解釈したい。

　そう解釈したい自分をどこまでも批判的に問題化せよと、「この私」のなかの「人類学者」は訴える。その訴えを重く受け止めながらも、「雄々しき益荒男ぶり」の普遍性が、花岡一郎＝ダッキス・ノービンの魂を自由にしたと信じたい「この私」がいることもまた、どうしようもない事実なのである。

7　遠くて近い台湾

　『セデック・バレ』は、「この私」にとっては「遠く異なる世界」に見えた。それに加えて、植民国家と先住民というテーマが人類学にとって普遍的なものであるために、日本からも台湾からも遊離して、この映画を見てしまう自分がいた。その一方で、モーナ・ルダオが阿弖流為に重なること、歴史上の人物である小島源治が宮城県人であることを通して、セデック族は「この私」の祖先であるかのような近さも感じた。そして、彼らの側に立って、アンチインペリアルな視線を大日本帝国と大和朝廷に向けたくなる「この私」がいた。しかし、小島源治とのつながりを想起すると、容易に大日本帝国と大和朝廷を他者化してはならないのだと思い知らされた。繰り返すが、東北人もまた「割れない」のである。この映画は、「遠くて近い台湾」を、そして「割り切れない」東北、「割り切れない」日本を、「この私」に見せてくれた。

Ⅳ 『KANO』を観る

　この映画は、1931年夏の甲子園大会に台湾代表として出場し、準優勝を果たした嘉義農林学校の史実を物語化したものである。描く時代は日本統治期であり、前作『セデック・バレ』と重なる。『セデック・バレ』が壮絶な植民地的暴力に対する台湾原住民の武装抵抗を描くのに対して、『KANO』は「漢人、蕃人、日本人」の協調による少年野球チームの甲子園出場という物語を通して、言わば植民地的平和を描いている。

　日本統治下の台湾が主な舞台であるとはいえ、日本人から見れば、甲子園は甲子園であり、現代日本の高校野球にも通じるドラマになっている。それゆえ、この映画を観ることを通して、日本のポストインペリアル状況とインペリアルな過去との連続と断絶のみならず、ポストインペリアル日本とポストコロニアル台湾との関係性をも見つめ直すことが可能となる。

1　「台湾は日本の統治下にあった」という語り

　本書の冒頭で述べたように、『KANO』を最初に観たのは、2015年1月、仙台市内の小さな映画館であった。CMが終わり、本編が始まると、先ず黒い画面に以下のような白い文字が浮かび上がった。

　　　1895年（明治28年）
　　　日清戦争の後　下関条約により
　　　台湾は日本に割譲された

画面が変わり、次の4行が映し出された。

　　　その後　1945年（昭和20年）に
　　　ポツダム宣言を日本が受諾し
　　　第二次世界大戦が終わるまでの間

Ⅳ　『KANO』を観る

図3　《KANO》ブルーレイディスク版カバー

　　台湾は日本の統治下にあった

　日本上映に際して、冒頭に付け加えられたのであろう。そのことが「この私」を驚かせた。今の日本人の多くは、このような形で「見せられ」なければ、台湾と日本との歴史的関係を知らないということだからである[26]。
　この2画面を、なぜか「この私」は次のような1画面として記憶した。

　　1895年から1945年まで台湾は日本の植民地だった

　記憶違いに気づいたのは、ブルーレイディスク版（魏徳聖・黄志明・馬志翔 2015）を購入し、改めて観賞した時のことである。その前に郊外の大きな映画館でも観ているのだが、その時の観賞は記憶を修正しなかった。巨大スクリーンの迫力だけが印象に残ったからかもしれない。
　どうやら、「この私」は、画面の文言を自分なりに「解釈」して記憶していたようである。あるいは、台湾研究者としての「常識」が、画面の文言の正確な記憶を妨げたのかもしれない。いずれにせよ、「この私」に見えたのは「1895年

26　この2画面は、もちろん台湾上映では不要であろう。この2画面の後に、「本片根據1931年嘉農棒球隊真實故事改編（本編は1931年嘉農野球部の実話を元に改作）」という中国語の画面が出る。台湾でも、「嘉農棒球隊」のことを知らない人が今では少なくないということだろう。

から1945年まで台湾は日本の植民地だった」というテキストだったわけである。この見え方は、「この私」の立場性を見事に示している。それは、「台湾を植民地支配した日本」に出自を持つ「この私」という立場性である。

　だが、画面の文言は、果たして「かつて台湾は日本の植民地だった」と語っているだろうか？

　画面が語っているのは、2つの戦争とその結果でしかない。日清戦争と下関条約、第二次世界大戦とポツダム宣言によって、台湾の統治者が2度変わったとしか、この画面の文言は語っていないのである。

　これでは、多くの日本人観客は、帝国も、植民地も、想起できないではないか。ブルーレイディスク版を観て、ここまで考え、「この私」は2度目の驚きを禁じ得なかった。

　実は、帝国という言葉も、植民地という言葉も、この映画ではほとんど語られることがない。映画の冒頭に「大日本帝国」という言葉が出てくるシーンが1度あるだけだ。

　『KANO』のプロローグは、1944年、基隆港に到着した錠者大尉（札幌商業のエース、嘉義農林のエース呉明捷のライバル）ら若い将兵が汽車に乗り込むシーンから始まる。南方の戦況を語り合う彼らの姿は、おそらく彼らが高雄港から再び船で東南アジアの戦線に送られるのであろうことを示唆している。車中で、ひとりの兵士が窓の外の風景を眺めながら「台湾は、我が大日本帝国の建設の下、えらい発展遂げてるみたいですねえ」と語る。軍人の口から「大日本帝国」という言葉が出るのだ。

　しかし、台湾の歴史に疎い日本人観客は、この台詞から「植民地だった台湾」を想起できるだろうか。おそらく、できる人は何人もいないのではないだろうか。映画は始まったばかりであり、シーンは既に「戦時」である。そして、「嘉義についたら一声かけてくれないか。嘉義を見たいんだ」と言って眠りにつく錠者大尉とともに、観客は一気に「平時」の甲子園に、そして「えらい発展遂げてる」台湾へと飛ぶこととなるからである[27]。「あの脚本家／プロデューサー」

27　錠者投手の回想という出だしについて、「彼にとって他者である者たちの物語を紡ぎ出させることは、話法上からして不可能」だと四方田犬彦は述べている［四方田 2015:157］。しかし、注意深く見ると、錠者が回想しているのはあくまでも甲子園での「記憶」であり、「彼にとって他者である者たちの物語」は、列車を降りて嘉義農林のグラウンドに立った際に「想像」しているに過ぎない。『KANO』は「内地人」たちが知り得なかった物語を「内地人」に「想像」させようとしているのであり、そのような創造力の持ち主の象徴として、錠者博美が登場しているのだと、「この私」は見る。日

魏徳聖は、「植民地支配」を見せようとはしていないのではないか。そんな疑念さえ抱きつつ、「この私」は懸命に大日本帝国を見ようと目を凝らした。すると、「この私」の中で最初に立ち現れたのはインペリアルな視線であった。

2　帝国の祭典または束の間のパックス・ジャポニカ
——インペリアルな視線

　胴体に日の丸が描かれた複葉機の編隊が巨大なスタジアムの上を舞い、一機から始球式用のボールが投下される。画面の右上に、「1931年日本甲子園」という字幕が出る。投下されたボールには旭日模様の朝日新聞社旗が結びつけられており、旭光のように旗を閃かせながら、ボールはゆっくりとグラウンドに落下する。

　開会式が始まると、日章旗を先頭に出場校が入場行進を行い、内野に整列する。行進の最後尾は、京城商業と大連商業である。画面は、この2校をしばし大写しにする。遅れてアタフタと球場に駆け込んでくるのが、嘉義農林の選手たちである。近藤兵太郎監督に「何やっとる、立たんか！」と一括されて、選手たちは整列し、グラウンドに一礼する。そして、ＫＡＮＯと大書きされたタイトルバックの画面になる。

（1）帝国の祭典

　この開会式のシーンは、「この私」を含め、多くの日本人にとって見慣れた光景だ。スタンドの観衆の様子も、入場行進する選手の姿も、はためく日章旗と朝日新聞社旗も、今と変わらない。もちろん、細かく見れば、観衆の服装も選手のユニホームも今とは違う。しかし、そこは紛れもなく甲子園であり、間違いなく夏の大会の開会式である。1931年の第17回全国中等学校優勝野球大会は、確かに現在の高校野球とつながっている。そのつながりを『ＫＡＮＯ』の画面に感じる日本人は、「この私」だけではないだろう。インペリアルな甲子園は、ポストインペリアルな甲子園と連続しているのである。

　しかし、大きな断絶もある。画面に登場する京城商業、大連商業、そして嘉

　　本人の評者は錠者博美に注目せずにはいられないようで、赤松美和子は「『ＫＡＮＯ』は、錠者が戦地に赴く間際に台湾に立ち寄り回想した、暗闇から照らし出されて物語であるため、これほど明るいスポ根青春物語となり得たのであろう」と述べている［赤松 2016: 183］。また、赤松は、錠者博美は「植民地、戦争、帝国といった重要な文脈づくりを一手に引き受け」ていると、その重要性を強調している［赤松 2016: 188］。

義農林は、「外地」の学校であり、甲子園が当時は「帝国の祭典」だったことをハッキリと見せてくれる。そこが、現在とは異なる[28]。

　朝日新聞社主催の全国中等学校優勝野球大会が始まったのは1915年であり、人気の高まりと観客の増加を背景に、甲子園球場が大会会場として建設されたのは1924年である。当初は「内地」の中等学校のみが参加していたが、1921年には朝鮮と満州から、1923年には台湾からも代表校が出場するようになっており、甲子園での大会が始まった1924年には、北海道、東北、関東、東京、北陸、甲信、神静、京津、大阪、兵庫、紀和、山陰、山陽、四国、九州、朝鮮、満州、台湾の18地区の代表校が甲子園に集っているのである。北海道や東北、四国、九州という「内地」の地方が、朝鮮、満州、台湾という「外地」の植民地と同列に、地区予選の単位となっていることが、「この私」には感慨深い。甲子園は、大日本帝国の統治下にある全ての領域から、代表校を集めていたのである。このことは戦後になって簡単に忘却されてしまうが、その健忘症を鋭く照射したのが『ＫＡＮＯ』という台湾映画であった[29]。

　「この私」は、台湾研究者として台湾の歴史をそれなりに勉強していたから、日本時代に嘉義農林が甲子園に出場し、決勝戦まで進んだことは、知識として頭に入っていた。しかし、そのことの意味を深く考えたことはなかった。また、「戦前」の中等学校野球と戦後の高校野球の結びつきを考えたこともなかった。『ＫＡＮＯ』の甲子園開会式のシーンを目の当たりにして、甲子園が「帝国の祭典」であったことを強烈に思い知らされることとなったわけである。

　しかし、そう気づいてみると、現在の甲子園が「内地の祭典」へと見事に縮小していることに衝撃を受けるのである。そして、あの首里高校の「甲子園の土」のエピソードを思い出す。

　1958年の大会は、第40回記念ということで、初めて全都道府県から代表校を集めることとなり、当時アメリカの統治下にあった沖縄からも代表校が招待された。沖縄代表として初めて甲子園出場を果たした首里高校は、1回戦で敗退し、他の敗退校と同じように「甲子園の土」を持ち帰ったのだが、那覇港で「入国審査」の際、アメリカの検疫法に抵触し、持ち込み不可とされる。これを憐

28　「外地」の中等学校野球については、川西［2014］が詳しい。

29　『ＫＡＮＯ』が描く1931年の大会には、22校が出場している。予選参加校の増加を反映してか、東北6県は「東北」と「奥羽」の2地区に分けられ、関東と九州も南北2地区に分けられている。「この私」が小学生だった頃は、東北は3地区に分けられていた。都道府県単位で代表校が選ばれるようになったのは、1978年のことである。

IV 『KANO』を観る

れんだ日本航空の客室乗務員が、石なら検疫法に抵触しないということを知り、「甲子園の小石」を首里高校に届けるという美談が生れた。

　以後、首里高校と「甲子園の土」のエピソードは、夏の大会の度に語り続けられることとなる。「この私」は1958年生れだから、NHKの甲子園中継でアナウンサーがこのエピソードを語るのを聞いたのは、おそらく1960年代も後半のことであろうが、強く印象に残っている。そして、もちろん1972年の「祖国復帰」以後は、沖縄の高校も「甲子園の土」を持ち帰れるようになったと毎年語られるようになったわけである。

　大日本帝国は、1945年のポツダム宣言受諾により、全ての海外領土と植民地を喪失し、一挙に「内地」のみへと収縮した[30]。

　その「内地の祭典」に、沖縄はいち早く「復帰」したわけである。そして、沖縄の甲子園復帰のエピソードは、「甲子園の土」の悲劇と「甲子園の小石」の美談とともに、戦後日本のナショナル・ストーリーとして、繰り返し夏の甲子園で語られ続けた。

(2) パックス・ジャポニカ

　次に感じたのは、『KANO』は「平時」の帝国を「美しく」描いているということだ。魏徳聖が「台湾が最も美しかった時代を描いた」と発言して一部から批判を浴びるという出来事もあったようだが、1918年の第一次世界大戦終結から1931年の満州事変勃発までは、大正デモクラシーの高揚期であり、政党政治が機能した時代であって、台湾に限らず、大日本帝国の近代化と自由化が進んだ時代であり、「帝国が最も美しかった時代」だったのではないかと、「この私」は考えている。

　もちろん、大日本帝国の中国侵略は、1915年の対華21ヵ条要求から続いており、1927～29年にかけては山東出兵という軍事行動も採られている。1919年には朝鮮で三・一独立運動が起きているし、1930年には台湾で霧社事件が起きている[31]。しかし、前後の時期との比較において、「外地」の学校も全国中等学校優

30　北海道が「内地」であるか否かは、いろいろな意味で複雑で微妙な問題として残る。だが、ポツダム宣言でもそのように扱われたし、戸籍制度の上でも、「旧土人」という注記付きながら、アイヌは、「内地人」入植者とともに、内地戸籍に包摂された。そういう意味で、北海道は「内地」であった。

31　しかし、霧社事件は「蕃地」で起きており、帝国の内部ではなく、帝国の周辺で発生した武装蜂起事件とみなせるのではないか。総督府が驚いたのは、既に内部化に成功して

勝野球大会に招かれるようになり、嘉義農林が出場を果たすまでの10年は、少なくとも帝国の内部が平穏だったという意味で、束の間のパックス・ジャポニカが実現した時代である[32]。そうすると、甲子園とは、パックス・ジャポニカを象徴する帝国の祭典ではなかったか。

　1941年の第27回全国中等学校優勝野球大会は、戦局の悪化を理由に中止され、「太平洋戦争」の最中は中断される。しかし、「終戦」後1年足らずの1946年には復活し、第28回大会が開かれている。以後、今日まで毎年開催されているわけである。戦後の甲子園は、「外地」を排除した「内地の祭典」となり、「内地」のパックス・ジャポニカの象徴となった。

　『KANO』は、1931年の甲子園開会式から2年前に遡り、近藤兵太郎が嘉義農林の野球部監督に就任し、様々な困難を乗り越えて、部員たちとともに甲子園出場を勝ち取るまでを描く。その舞台となる嘉義の町にも、周囲の農村にも、戦争の影は微塵もない。画面に警官も軍人も出てこないのである。ただただ明るい景色の中で、近代化が着々と進む。主役である呉明捷投手の幼なじみが働く山陽堂書店には、真新しいラジオが届く。コンクリート造りのモダンな亭仔脚（店先のアーケード）が並ぶ町のロータリーには、噴水の建設が進む。周囲の農村では、やはりコンクリート造りのモダンな用水路の建設が進みつつあり、八田與一の下で嘉南大圳の整備が行われていることが農林学校の授業の中で語られる[33]。そして、近藤兵太郎の下で、選手たちは育っていく。

　『KANO』の描く台湾は、「平時」の帝国において「えらい発展遂げてる」モダンな台湾なのだ。そして、『KANO』の描く甲子園は、束の間のパックス・ジャポニカにおいて、「外地」の学校も「内地」の学校と対等に参加する「帝国の祭典」だ。「えらい発展遂げてる」のは台湾に限らない。速度と達成度には

　　　いると思っていた「蕃地」の周辺性が露呈したからではないだろうか。

32　もちろん、「パックス」は暴力の不在を意味するものではない。映画の中では、日本人すなわち「内地人」生徒ばかりの嘉義中学校野球部と、「漢人、蕃人、日本人」混成の嘉義農林野球部の対立、両校野球部選手たちの映画館における殴り合いのケンカが描かれており、これが日常的な植民地的暴力の存在を暗示していると言えないこともない。中学生同士のケンカは「内地」でも見られたことだろうが、学校と「人種」が絡み合う植民地では、「同じケンカ」もまた異なる意味を持ってくるだろうことは想像に難くない。

33　この映画では、八田與一の嘉南大圳建設が嘉義農林の甲子園出場と同時並行的に描かれているが、これは史実に反する。八田與一については、本書ではこれ以上触れないが、詳しくは胎中［2007］を参照。

IV 『KANO』を観る

格差があったろうが[34]、帝国の各地が、束の間のパックス・ジャポニカを享受し、郷土の中等学校生たちが野球に興じる様子に熱狂できたのである。

(3) インペリアルなナショナリズムの回路

甲子園で緒戦に勝った嘉義農林の選手たちと近藤監督が記者たちの取材を受けるシーンがある。ある記者が「日本人は手を挙げてもらっていいですか？」と聞くと、数人の選手がおずおずと手を挙げる。すると、記者はこう続ける。

> 僕が聞きたいのは、君たちは、彼ら違う民族の部員と意思の疎通ができるのか。野蛮な高砂族は、日本語が理解できるの？　にーほーんーご、わかる？

これに対して、小里選手が「質問の意味がよくわかりません。僕たちは、いい友だちです」と反発する。見かねたかのように、近藤監督が記者を一喝する。

> 意思の疎通が何ですか。野蛮？　あなた、いったい何見てるんですか。ちゃんとこの子たちを見てください。民族の違いなんか関係ない。この子たちはみな、ほかのチームの子たちと同じ、野球の大好きな球児です。

このシーンを「感動ポイント」と述べるのが、ハンカチ王子の斎藤佑樹選手である。『ＫＡＮＯ』公式サイトには「斎藤佑樹選手からの応援メッセージ」[35]という動画が掲載されているが、その中で斉藤選手はこう述べている。

> 新聞記者の取材に監督が怒ったとこがあったじゃないですか。今では当たり前のように言われてますけど、その当時だったらありえないんじゃないですかね、民族の壁がやっぱあったと思うんですけど、それを監督が、何て言うんですかね、信じ切ってやろうとするところが、かっこいいなと思いましたねえ。

34　たとえば、「この私」の郷土である東北は、台湾ほどには「発展遂げて」はいなかったと思われる。

35　http://kano1931.com/　2016年5月3日参照。

確かに、感動ポイントであろう。

有名な菊池寛の甲子園印象記（東京朝日新聞1931年8月22日）は「涙ぐましい三民族の協調」と題され、「僕は嘉義農林が神奈川商工と戦った時から嘉義びいきになった、内地人、本島人、高砂族といふ變った人種が同じ目的のため協同し努力しをるといふ事が何となく涙ぐましい感じを起させる」[魏德聖・陳嘉蔚・陳小雅 2014:473]と書かれている。ここで「内地人、本島人」が対句のように使われていることに注目したい。

「本島人」という呼称は、当時「内地」に暮らしていた日本人にとっては、ほとんど馴染みのないものだったろう。星名宏修[2016: iv]によると、1935年に台湾を訪れた野上彌生子は翌年『改造』に発表した「台湾遊記」のなかで「さう云へば十時間まへに船を捨てた瞬間から、何か対句のやうに事毎に並べて話される一組の耳新しい言葉がわたしの注意を引いてゐた。それは本島人、内地人と云ふ表現であった」と書いている。そんな野上も「いつの間にかその表現にしたがつて何か訊いたり、たづねたりしてゐる自分たちを見出す」のだった[星名 2016: iv]。

言うまでもないことであるが、「本島人」も「蕃人」あるいは「高砂族」も、大日本帝国臣民である以上、日本人であった。「内地人」だけが日本人だったわけではない。嘉義農林が「内地人、本島人、高砂族」の混成チームであったがゆえに、その活躍は多民族を帝国の臣民すなわち「同じ日本人」として統合するというインペリアルなナショナリズムの代表／表象となったのだ。だからこそ、菊池寛は「涙ぐましい」と感じたのであろう。

映画の中の近藤兵太郎の表現を借りるなら「この子たちはみな、ほかのチームの子たちと同じ、野球の大好きな球児」すなわち大日本帝国の子どもたちであった。それゆえ、「うちの子」を応援することは「ほかのチームの子たち」を応援することにもつながり、応援する者同士の共感が、インペリアルなナショナリズムを生むことを可能にする。つまり、帝国領内の地方パトリオティズム（郷土愛）が、甲子園という回路を通して、インペリアルな日本ナショナリズムに回収される。それが帝国の祭典としての甲子園の意義だった。

すると、この映画のなかで、熱狂的に嘉義農林チームを送り出し、甲子園での試合のラジオ中継に手に汗握る嘉義市民たちもまた、インペリアルなナショナリズムに絡めとられていたのではなかろうか。インペリアルな視線は、そう

だと肯定させる[36]。

3 「釘を打たれたパパイヤ」
──インペリアルな視線とアンチインペリアルな視線

『ＫＡＮＯ』のマスターメタファー（重要なたとえ話）は、「釘を打たれたパパイヤ」である。

甲子園の予選となる全島大会を前にして、農業の教師である濱田次箕が、呉明捷と平野保郎（アミ族）に、大きなパパイヤの実を見せながら、「このパパイヤがなぜこんなに大きくおいしくなったのか、秘密を教えてやる」と言い、2人をパパイヤの木立に連れて行く。

> 去年、俺は、このパパイヤの根っこに釘を打った。
> そしたら、こんなに大きく美しいパパイヤがなった。
> これが、その釘だ。ほら、見ろ。

根元の大きな釘の頭を見ながら、平野が「パパイヤは鉄の釘が好きなんですか？」と濱田に尋ねる。濱田はこう答える。

> 違う違う。パパイヤはな、根っこに釘を打たれて、自分はもう駄目だ、長いことはないと思い、必死で、必死で必死で、大きく美しい実をみのらせんだ。そうすれば、次の代を残せるだろう。危機感が、懸命に生きようと花を咲かせ、実をみのらせるのさ。

そして、呉明捷に向かって、こう問いかける。

> おい、呉、お前も次は最高学年だ。来年の甲子園は、お前にとって人生

---

36 歴史に「もしも」はありえないが、もしもパックス・ジャポニカがさらに続いていたならば、嘉義市民のみならず台湾人が甲子園ナショナリズムに絡めとられ、インペリアルなナショナリズムに包摂されただろうか。戦後甲子園が維持し続けている人気を考えると、その可能性は大いにあったのではないか。そう考える「この私」は、批判されるべき帝国主義者なのだろうか。それとも、そのような可能性に自覚的であることによって、「この私」は帝国主義を相対化しえているのだろうか。どちらであるか、断言できずに困惑している自分がいる。

最後のチャンスだぞ。それでもお前は、危機感無しでも、このパパイヤの木のように、立派に実をみのらせることができるのか？

(1) インペリアルな視線

釘とパパイヤが象徴するものは何だろうか。直接的には、近藤監督が釘であり、嘉義農林野球部がパパイヤであろう。

近藤兵太郎を野球部の監督に懇請したのは、濱田次箕であった。近藤のスパルタ式訓練は、負けてばかりの弱小野球部に、濱田が打ち込んだ釘だったわけだ。そして、近藤という釘を打ち込まれた嘉義農林野球部は、見事に全島大会で優勝し、甲子園出場という実をみのらせる。

この映画の最後に、近藤兵太郎監督はじめ、甲子園に出場した選手たちの「その後」が次々と映し出される。そして、呉明捷は早稲田大学に進み、東京六大学野球で活躍して年間通算7本のホームランを打ったこと、その記録は長嶋茂雄が登場するまで20年間破られなかったことが明かされる。その他の選手たちも、それぞれの道に進み、指導者となったり、野球人として成功したりしている。釘を打たれたパパイヤの木は、確かに大きな実をみのらせたようだ。

さらに、嘉義市内のロータリーの噴水や嘉南大圳も大きくみのったパパイヤであるとするならば、みのらせた釘は大日本帝国による植民統治だったことになる。八田與一は、そのような釘の代表となる。インペリアルな視線の下では、このマスターメタファーは、大日本帝国による台湾の近代化を露骨に称賛するものに見えるのである。

さすがに、あまりにもわかりやすすぎると「この私」は思った。その結果、インペリアルな視線に疑念を抱くようになった。「あの監督／プロデューサー」魏徳聖が、そこまで単純なメタファーを映画の中心に据えるだろうか？

(2) アンチインペリアルな視線

そこで、濱田が呉と平野に釘を打たれたパパイヤを見せる場面を見直してみると、平野保郎が、濱田からパパイヤの根元の釘を見せられ、大きなパパイヤを実らせる秘密を聞かされた後、次のようにつぶやいている。

　　お～　そうか　濱田先生はパパイヤの木を騙し　近藤監督は人を騙すというわけか

Ⅳ 『KANO』を観る

そして、さらに濱田から釘を打たないパパイヤも周囲の釘を打たれたパパイヤに影響されて大きな実をつけるようになったと聞かされると、こう問返す。

> じゃあ もし俺の田舎から ビンロウの木を持ってきて ヤシの木の林に植えたら 自分はヤシだと思い込んで ヤシの実のように 大きなビンロウがなるんですか？

平野は、自分も、パパイヤの木すなわち植民地台湾も、支配者である日本人に操られる存在であることを、明白に認識している。「釘を打たれたパパイヤ」は、日本人による巧みな植民地操作のメタファーでもあるわけだ[37]。
　だが、操作される側は一方的な被害者ではない[38]。それが明らかとなるのは、このマスターメタファーがもう一度語られる甲子園の決勝戦のシーンである。呉明捷投手は、準決勝で指先を痛めるのだが、それを隠して決勝戦のマウンドに立つ。しかし、4回裏、瘡蓋は破れ、血が流れ出して、いつもの投球ができなくなる。何とか4回裏を無失点で切り抜けるが、ベンチに戻った呉投手の指の怪我を見て、近藤監督は交代を告げる。そこで平野は、次のようにと訴えて、監督に呉の続投を懇願し、説得する。アキラは、呉明捷投手の渾名である。

> 監督、パパイヤを大きくみのらせる方法を知っていますか？　パパイヤの木の根っこに釘を打てばいいんです。この試合はアキラ先輩にとって人生最後の試合になるかもしれない。完投させてあげてください。先輩は、釘を打たれたパパイヤの木なんです。もう後がないんです。もう後がない釘を打たれたパパイヤは、見事な実をみのらせるんです。

この説得が功を奏したのか、「責任は俺が取る」と言って近藤監督は呉明捷に

37　四方田犬彦は、パパイヤの釘打ちと平野保郎の反応について「端的にいうならば濱田のこの理論は、宗主国が植民地の近代化を促進させるにあたって、植民地主義を正当化するための方便である。だがそれについての疑問の表明が、植民された側によって内面的に規制されてしまうところに、深刻な問題が生じている」と述べる［四方田 2015: 161］。

38　それゆえ、四方田犬彦が言うように「釘を刺されたパパイヤ」が「植民地主義を正当化するための方便」に留まるとは、「この私」には思えないのである。方便には違いないが、それを「植民された側」は換骨奪胎して用いることもあると、「この私」は思う。

続投を認める[39]。ここでは、植民地操作のメタファーが、植民者説得のメタファーに転換されている。それも「日本化した蕃人」によって。そして、それが成功しているのだ。

アンチインペリアルな視線を向けると、釘を打たれたパパイヤに対する平野保郎の態度に植民地支配に対する抵抗の姿勢を読み取ることができるのである。

4　「漢人、蕃人、日本人」という呼称への疑問――台湾研究者の視線

このように、インペリアルとアンチインペリアルの間で「この私」は揺れていたのだが、台湾研究者の視線が強まったことがある。それは、嘉義農林の校長が、野球部監督の近藤兵太郎と、農業の教師である濱田次箕をともなって、地元の有力者を酒席に接待して援助を要請するシーンである。この有力者に野球部員の構成を聞かれた校長が「日本人が6名、漢人が3名」と答え、濱田が「それに蕃人が4人」と付け足すと、この有力者が「漢人、蕃人、日本人の混成チーム？！」と叫ぶのである。

嘉義農林野球部が異民族の混成チームだったということは、史実であるとともに、『ＫＡＮＯ』の重要なテーマとして一貫して強調されている。しかし、この映画を通して「漢人、蕃人、日本人」という呼称が使われていることには、強い違和感を覚えた。当時の呼称を同じ順に並べれば「本島人、蕃人（高砂族）、内地人」であるからだ。既に引用したように、菊池寛もそう書いていた。

なぜ魏徳聖が「本島人、蕃人、内地人」ではなく「漢人、蕃人、日本人」という呼称を採用したのかは、ここでは問わない。わかりやすさを優先しただけなのか、それとも別の意図があるのか、「この私」には知るよしもない。

ここで問いたいのは、「漢人、蕃人、日本人」という呼称が、「この私」を含め、この映画を観る日本人にどのような印象を与えるかである。

「漢人、蕃人、日本人」という呼称が用いられているために、「この私」も含め、この映画を観る日本人は、現代のポストコロニアル／ポストインペリアル状況に引きつけて、日本人を「内地人」（つまり戦後の日本人）と同一化しつつ、「漢人／蕃人」を台湾人として差異化して捉える。「日本」と「台湾」との間に、現在同様の国境線を引いてしまうのである。

そのため、「日本統治下の台湾」においては、嘉義農林の選手は全員「同じ日

39　この点は史実に反し、1931年の試合では投手交代が行われており、そのため「代投した選手の遺族から事実を改竄したものとして強く非難され、危うく裁判沙汰になりかけるところであった」と四方田犬彦が書いている［四方田 2015: 163］。

本人」だったのだということを忘れてしまう。菊池寛が「涙ぐましい」と感じたのは、出身や出自を異にする異民族同士が、「同じ日本人」としてチーム一丸となって闘っていたからだ。嘉義農林野球部における「三民族の協調」は、多民族帝国のナショナルな統合の体現として称揚されていたのである。

　台湾研究者である「この私」は、そのような歴史背景があったことを知識として持ち合わせている。それゆえ、「漢人、蕃人、日本人」という呼称の使用に、強い違和感を覚えたのである。

　しかしながら、「当時は漢人も蕃人も日本人だったじゃないか」と思うことにも「気が引ける」のだ。それでは自分も帝国主義者になってしまうのではないかと、不安を覚えるからだ。

　その一方で、インペリアルな過去に遡ってまで「非日本人」を日本人と差異化するのも、やはり差別なのではないかという思いも抱き、大いに戸惑う。それは、台湾で、日本統治時代を経験した台湾人に「私も日本人だったのですよ」と言われると大いに戸惑うのと同じである。

　この戸惑いから、「この私」は永遠に逃れられないのだろうと思う。逃れようとしてはならないし、逃れられたと思うことは絶対に許されないのだと考えている。なぜなら、この戸惑いは、「この私」のポストインペリアルな立場性の「本質的」な要素だからである。

　「漢人、蕃人、日本人」という呼称の使用が、日本人を台湾人から差異化する結果、現代の日本人には、『ＫＡＮＯ』を、インペリアルなナショナリズムの物語ではなく、国際協調の物語と捉えてしまう人もいるようだ。その一例が宮本亜門である。『ＫＡＮＯ』公式サイトには「宮本亜門さんからの応援メッセージ」[40]という動画も掲載されているが、その中で宮本は「僕は何よりもまた興奮したのが、うーん、このチームというのが、国を超えて作り上げられたチームが、ひとつの新たな目的に向かって団結していく様っていうのなんですよね」と述べている。「国を超えて作り上げられたチーム」は、決して言い間違いではあるまい。宮本は、映画の描く台湾が大日本帝国の一部であったことを忘れているわけだ。

　この宮本亜門の忘却は、彼だけの問題ではなく、戦後日本に広く蔓延しているポストインペリアル健忘症の一徴候に過ぎない。「この私」もまた、この健忘症から決して自由ではない。だからこそ、京城商業と大連商業の入場行進を目

40　http://kano1931.com/　2016年5月3日参照。

の当たりにするまで、甲子園が「帝国の祭典」であったことに気づきもしなかった。台湾の嘉義農林が主題の映画を観ているにもかかわらず、台湾研究者であるにもかかわらず、そうなのだ。

　「この私」を含め、戦後の日本人にとって、日本人を「内地人」と等値することはあまりにも自明であって、「戦前」は決してそうではなかったことをキレイに忘れてしまいがちなのである。「漢人、蕃人、日本人」という呼称の使用は、このような戦後日本の健忘症を再生産する効果を有するのではないかと、台湾研究者としての「この私」は憂慮している[41]。

5　再び「釘を打たれたパパイヤ」——ポストインペリアルな視線

　次に、「この私」は、「釘を打たれたパパイヤ」に立ち戻り、ポストインペリアルな視点からこのマスターメタファーを読みなおしてみたいと思う。

　そこで問題となるのが、どうやら近藤兵太郎が「流れ者」であることだ。松山商業で名を馳せた男が、なぜ植民地台湾の、それも嘉義などという田舎町で会計係として働いているのか。映画では、彼が何か不祥事を起こしたらしいことが暗示されるだけだが、近藤兵太郎も「人生最後のチャンス」を嘉義農林野球部に求めたのであり、「もう後がない」のである。そうすると、嘉義農林野球部は近藤兵太郎というパパイヤの木に打ち込まれた釘に見えてくる。濱田は、実は、近藤兵太郎に嘉義農林野球部という釘を打ち込んだのではないか。そして、釘を打たれた近藤兵太郎は「根っこに釘を打たれて、自分はもう駄目だ、長いことはないと思い、必死で、必死で必死で、大きく美しい実をみのらせた」のであり、その実が「三民族協調」による甲子園準優勝だったのではないか。

　もうひとつ、「この私」には気になるエピソードがある。それは、嘉義農林野球部の日本人小里選手の父親が、八田與一の部下であり、台風による事故のため、嘉南大圳の工事現場で大けがを負うというエピソードである。怪我のため現場作業に従事できなくなった父親は、息子に台湾を去る決意を告げる。植民地建設に無用となった日本人に、台湾での居場所はないというわけである。そのことを知った近藤兵太郎の働きかけにより、小里一家は台湾に残り、息子は「漢人、蕃人」の仲間とともに甲子園出場を果たす。ここに、植民地支配が傷つけた日本人も、植民地支配が育てた台湾人とともに、甲子園で活躍するという

41　しかし、「本島人、蕃人、内地人」という歴史的な呼称を用いていれば、この問題は生じなかったのだろうか。それとも、別の問題が生じていたのだろうか。おそらく、別の問題が生じていたであろうことは、容易に想像できる。

物語を、「この私」は読み取る。父親の怪我は小里選手に打ち込まれた釘であり、それが多民族の強調という実をみのらせたのだと見えてくるのである。

すると、パパイヤの木とはインペリアルな日本、それも不完全な日本であり、そこに打ち込まれた釘が植民地台湾ということにならないだろうか。

この映画のマスターメタファーをこのように読み解くと、さらに「この私」を含めてポストインペリアルな日本人にとっては、大日本帝国の根っこに打ち込まれた植民地台湾という釘がポストインペリアルな現在も「抜けずに刺さったまま」なのではないかという気がしてくるのである。

台湾が市場として次いで輸出基地としてポストインペリアル日本の戦後復興と高度経済成長を支えたという意味でも、また、「台湾問題」が中国との間に存在するからこそ「アメリカの下請け帝国」[酒井 2015]としてポストインペリアル日本は東アジアに存在できたのだという意味でも、台湾は、ポストインペリアル日本に刺さった釘であった[42]。

台湾研究に携わっていると、自分の根っこに台湾という釘が打ち込まれていることに、遅かれ早かれ気づくことになる。しかし、この釘は実にやっかいなもので、刺さっているからといって、大きな実がみのるとは限らないのではないか。むしろ、自分の根っこに刺さった釘の大きさに驚き、たじろぎ、途方に暮れるというのが、我々ポストインペリアル日本人台湾研究者の常ではないか。日本人であるがゆえに、その根っこに台湾という釘が歴史的に打ち込まれているがゆえに、日本人の手になる台湾研究は豊かなものになっているだろうか。我が身を振り返って、忸怩たる思いに沈むばかりである。

6　日章旗、旭日旗、そして鮮血の意味
——ポストインペリアルな視線に映る多義性

『KANO』ほど日章旗と旭日旗が打ち振られる台湾映画は、空前にして絶後ではないかと思われる。夏の甲子園大会が主題であり、これを主催するのが朝日新聞社であり、その社旗が旭日模様であるために、そうなっているわけであるが、それにしても、これほどまでに頻出する日章旗と旭日旗は、何を象徴しているのだろうか。

第一に、それは太陽であろう。実際、『KANO』には、太陽を見上げるシー

42　さらに言えば、ポストコロニアルとポストインペリアルが複雑に交錯する現況において、台湾は、東アジアという地域の根っこに打ち込まれた釘であり続けているのではないかとさえ思えてくる。

ンが繰り返し現われる。しかし、それでは、真っ赤な太陽は、何なのか。

　それを解き明かすひとつの鍵が、錠者投手率いる札幌商業と嘉義農林との準々決勝を取材していた記者のメモに書かれている。意思の疎通ができるのかと聞いた、あの記者のメモである。嘉義農林の勝利を見届けて、この記者は、メモ帳に「錠者投手打ち込まれる。太陽の強襲、千年の氷を溶かす」と書きつけるのである。ここで、太陽は、明らかに嘉義農林であり、特に、怪腕の呉明捷投手や強打の蘇正生選手、俊足の真山卯一選手（アミ族）といった「異民族」の選手たちであろう。「外地」の太陽が、強烈に、甲子園という「帝国の祭典」に差し込んだのである。そして、「外地」の太陽は「内地人」の心を溶かした。

　しかし、第二に、それは鮮血である。準決勝で指先を怪我した呉明捷投手は、決勝戦で傷口が破れ、血を流し始める。彼の鮮血は、白球を、そして真っ白いユニホームのズボンを赤く染める。白地を赤く、台湾「漢人」の血が染めるのである。血染めのボールも、血の付いたユニホームも、「この私」には日章旗に見えた。そして、嘉義の街にはためく日章旗と旭日旗が象徴しているのは、日本統治下の台湾で、そして第二次世界大戦の戦場で、台湾の人々が流した血なのではないかと思った。嘉義農林が甲子園に出場して準優勝する1年前、霧社では多くの鮮血が流されたのであった。このことを想起すれば[43]、真っ赤な太陽は台湾「原住民」の血も暗示していることに気づく。嘉義農林が台湾に帰郷した翌月には、満州事変が勃発する。そこから1945年の敗戦までは、一直線である。錠者大尉が嘉義駅で下車するシーンでは、駅構内には軍服姿の「蕃人」（入れ墨でそれとわかる）が整列していた。彼らが第二次世界大戦の戦場で流した鮮血も、真っ赤な太陽は象徴しているのだ。

　つまり、『ＫＡＮＯ』は植民地的暴力と帝国主義的戦争を暗示している。

　もちろん、「内地人」もまた血を流すこととなる。映画の末尾で、嘉義農林の選手たちの「その後」が写真とともに中国語で示されるが、2人の日本人選手が南洋で戦死していることも明らかにされる。映画では語られないが、錠者投手も含め、多くの甲子園球児が、出征し、戦死している。『ＫＡＮＯ』は、このことを改めて思い出させてくれる。

　『ＫＡＮＯ』のエピローグは、台湾に向かう船上で野球に興じる嘉義農林の野球部員と近藤監督を描く。呉明捷投手は、小瓶に入れた「甲子園の土」を持っ

43　『ＫＡＮＯ』を観ながら『セデック・バレ』を思い出さずにはいられなかったということだ。

Ⅳ 『KANO』を観る

ている。1958年の首里高校の選手とは異なり、帝国領だった台湾へは、「甲子園の土」は持ち込めたのだろうか[44]。

7　植民地と地方の相同性[45]──アンチインペリアルな視線の誘惑

最後に、どうしても1931年夏の嘉義農林と、2015年夏の仙台育英高校とを重ねずにはいられない自分がいることを、告白しなければならない。

戊辰戦争の敗者である奥羽越列藩同盟の地は、勝者である長州藩の木戸孝允によって「東北」と名づけられた[46]。東夷北狄の地という意味である。そして、東北は一次産品と労働力の供給地と位置づけられ、「内国植民地」化されたのである［岩本1994］。その位置づけは今も変らないと「この私」は思っている。

そのような東北の地は、まだ甲子園優勝校を出していない。今年こそ優勝旗の白河の関越えをと、東北の人々は毎年願っているが、100年にわたって成就していない。東北の人々は、地元県の高校ばかりでなく、東北6県全ての代表校を応援する。地元校が勝てばよいが、そうでなければ、勝ち残っている東北の代表校を探して応援するのである。東北同士の対戦が準決勝などで組まれようものなら、もったいないと嘆く。普段は野球などに興味を示さない人でも、甲子園となれば熱狂する。

仙台育英高校が決勝まで勝ち進んだ2015年の夏、周囲の人々の反応が、「この私」に『KANO』を思い出させた。仙台市民は、『KANO』の嘉義市民と全く同じように、郷土の選手を応援していた。そこに、「外地」と「内地」の差はなかった。むしろ、植民地と地方との共通点ばかりが想起された。

44　この描写が史実かどうかはわからない。しかし、この描写は、首里高校のエピソードを知る「この私」に、沖縄と台湾を重ねて想起させた。

45　もちろん、台湾と東北との差異も大きい。東北は「内地」に組み込まれ、東北出身者も台湾では「内地人」であったから、植民地における社会的地位は高く、経済的特権も享受していた。しかも、既に指摘したように、植民地支配に重要な役割を果たした東北人は少なくない。そして、「外地」とは異なり、東北はポストインペリアルな日本の一部であり続けている。この相違のゆえに、「この私」は日本人となり、日本人としてポストコロニアル台湾と向き合っている。この旧植民地と「内地」の地方の相違については、今後さらに掘り下げて考えたいと思っている。

46　岩本由輝によると、東北という呼称が初めて用いられるのは、木戸孝允が奥羽越列藩同盟諸藩に対する処置について明治維新政府に提出した建議書「東北諸県儀見込書」であり、木戸孝允は奥羽越列藩同盟諸藩に対する処分が行われた明治元年12月7日にも「東北諸県御処置」と手記に記しているという［岩本1994:10-14］。

高校野球ファンでもなく、現行の高校野球の制度に問題を感じている「この私」でさえ、東北6県の代表校には勝って欲しい、できればどこかに優勝して欲しいと、思わずにはいられないのである。まして、そのように思い、熱心に応援する地元の人々を見ると、深く共感せずにはいられない。不合理な高校野球に熱狂するのはやめましょうなどとは、口が裂けても言えない。ローカルな郷土愛という意味でのパトリオティズムを否定できないのである。
　甲子園という装置が、素朴な地方パトリオティズムをナショナリズムへと収斂させる回路となっていることを頭ではわかっていて、信条的には拒否していても、心情的には拒否しきれないのである。そして、反対に、地方パトリオティズムをアンチナショナリズムの表れと強引に解釈したくなるのだ。そうであるならば、1931年の嘉義市民は、実はアンチインペリアル／アンチナショナルな台湾パトリオティズムを表現していたのではないかと想像したくなる。インペリアルなナショナリズムに回収されえない地方パトリオティズムがあるということを、東北人として「この私」は感覚的に知っているからだ。
　こらえきれない東北パトリオティズムが、「この私」をアンチインペリアルな視線へと誘う。その誘惑に抗してポストインペリアルな視線を持つにはどうすればいいのか、明確な答えは出せていない。

8　遠い甲子園、近い台湾と東北、そして曖昧な日本人

　『KANO』の中に「この私」が見たものは、第一に、束の間のパックス・ジャポニカにおける「帝国の祭典」としての「戦前」すなわち大日本帝国の甲子園であった。そして、「帝国の祭典」としての甲子園は、「内地の祭典」に矮小化された戦後の甲子園をあぶり出した。戦前の甲子園は多民族を統合するインペリアルなナショナリズムの回路であったが、戦後は単一民族を統合するポストインペリアルなナショナリズムの回路となった。ポストインペリアルなナショナリズムは、日本人を内地化することによって外地すなわち旧植民地と帝国を忘却させるものであり、この健忘症に無自覚だと『KANO』が帝国の物語ではなく国際協調の物語に見えてしまう危険があることも明らかとなった。
　戦前と戦後の甲子園は連続しており、いずれも、異なる範囲ではあっても、地域パトリオティズムをナショナリズムへと収斂させる回路となっていた。そして、「この私」は、自分が東北人であるがゆえに、東北パトリオティズムを通して、内地ナショナリズムに絡め取られていることを自覚しつつも、東北パトリオティズムを心情的に捨てきれないでいることから、「戦前」の嘉義市民が、

IV　『KANO』を観る

やはり地域パトリオティズムを通してインペリアルなナショナリズムに絡め取られようとしつつも、台湾パトリオティズムを発揮していたのではないかと想像した。そして、そのような嘉義市民に共感せずにはいられない「この私」を見出した。この共感の基盤となるのは、植民地と地方の相同性である。

　東北人である「この私」にとって、甲子園は遠く、台湾は近い。

　第二に、日本人の曖昧さが「この私」には見えた。『KANO』で用いられている「漢人、蕃人、日本人」という呼称は、日本人を「内地人」と等値させて、この曖昧さを隠蔽し、台湾の人々もまた日本人であったインペリアルな過去を忘却させる危険を秘めているが、敢えて日本人と台湾人をポストコロニアル／ポストインペリアルに差異化することによって、台湾の人々もまた日本人であったインペリアルな過去を、異なる位相から見つめ直させる可能性も秘めている。「内地人」と「本島人」、日本人と台湾人は、錯綜している。

　それゆえ、「この私」は、差異化にも同一化にも大いに戸惑いを覚えるのだ。「割り切ろう」とせずに、戸惑い続けることが重要なのではないか、それがポストインペリアルな責任の取り方の一部なのではないかと考えているが、さらに考察を深めたい。

V　魏徳聖三部作が「この私」に「見せてくれた」もの

　三部作が、それぞれ異なる仕方で「この私」に見せてくれたものは、「この私」の主体性が、いかにインペリアルな過去とポストインペリアルな現在とに制約されているかという事実であり、またその制約のされ方がどのようなものなのかであった。「この私」に「見える」台湾と日本は、「この私」の立場性と密接な関係がある。そのことを痛切に感じさせてくれたのが、魏徳聖3部作であった。魏徳聖は、「この私」に何よりも「この私」自身を見せてくれたのだ。
　「この私」は、三種の異なる視線を台湾に向けている。第一に、インペリアルな視線は、大日本帝国と戦後日本との連続を前提に、単一の「日本人」という立場から発せられる。「帝国の末裔」の視線と言ってもよい。第二に、アンチインペリアルな視線は、大日本帝国から戦後日本を断絶させ、帝国主義と植民地支配を否定する戦後日本人という立場から発せられる。日本人を「割る」視線と言ってもよい。第三に、ポストコロニアルな視線は、大日本帝国と戦後日本の連続と断絶を共に認め、連続と断絶の複雑な絡み合いを引き受けようとする立場から発せられる。日本人を「割り切れない／割り切らない」視線と言ってもよい。そして、この三種の視線は、しばしば入れ替わるし、強まったり弱まったりするのである。
　しかし、三種の視線の共存と競合が示すように、立場性は「この私」の見方を一義的に決定するものではない。決して自由ではないが、「この私」は複数の視線を採りうるのであり、またそれぞれの視線を一定程度相対化することもできるのだ。『セデック・バレ』を観る際には人類学的な視線が強まったし、『ＫＡＮＯ』を観る際には台湾研究者の視線が強まった。どちらも、「この私」の立場性からは相対的に独立した「客観的」でアカデミックな視線である。

1　視線にまつわる感情の重み

　だが、重要なことは、「この私」の立場性に規定された三種の視線には感情的な負荷がかかっているということだ。台湾に長く暮らしたことがある人なら誰

V 魏徳聖三部作が「この私」に「見せてくれた」もの

でもそうだろうが、自分の出会った台湾と様々な感情的な結びつきを持っているものだ。しかし、研究者であれば、そうした感情を一旦カッコに入れて、学問的に、すなわち「客観的」かつ「理性的」に、台湾の一側面を捉えようとするだろう。そこでは、感性的存在である研究者の自己は議論の俎上には登らない。

しかし、「この私」を「この私」自身が分析対象にしようとした瞬間、それは不可能となる。相対化とは断絶ではない。自己の視線を相対化しえたとしても、その視線に纏わる感情を消去することはできないからだ。自己の視線の相対化は、震えながらしかできないのである。「この私」の震えは止まることはない。

このことから、感情抜きで台湾研究をすることは日本人には不可能なのではないかという疑問が浮かんでくる。誰もが震えながら台湾研究をしているのではないか。だとしたら、日本人だから抱く様々な感情が日本人の行う台湾研究にどのような影響を与えているのか明らかにすべきではないか。魏徳聖三部作は、「この私」にそう問いかけてきたのである。

2 多義的な日本、多元的な台湾、そして中国の影

この三部作を通して、日本人である「この私」には、様々な「日本」が見えた。『海角七号』では、「愛する」日本と「愛など分からない」日本、「去る」日本と「来る」日本など、両義的な日本が目立つ。『セデック・バレ』で目立つのは、言うまでもなく「奪う」日本、「殺す」日本である。『KANO』で目立つのは、「育てる」日本、「創る」日本、そして何より「平和」な日本である。それぞれの映画で目立つ日本は異なるが、よく見れば、その全てが実はどの映画にも見られる。魏徳聖3部作は、台湾を鏡として、「この私」に矛盾する日本、多義的な日本を見せてくれたのである。

また、「台湾研究者」である「この私」に見えたのは、「多元的な台湾」であった。『海角七号』では「福佬人」と「原住民」と「客家人」という多元性である。『セデック・バレ』では「蕃人」の多元性、『KANO』では「内地人」と「本島人」と「蕃人」という多元性である。その歴史を通して、台湾は多元的であったことを、この三部作は見せてくれた。

しかし、この多元性の描写において顕著に欠落しているのが「外省人」である[47]。『セデック・バレ』と『KANO』については、日本統治時代を描いている

---

47 小笠原欣幸氏の示唆による（私信）。なお、藤井省三によると、『海角七号』の小説版では、地元バンドメンバーのひとりである水蛙（カエル）が外省人二世という設定になっている［藤井 2012: 138；魏・藍 2008: 131；魏・藍 2009: 130］。しかし、映画の画面上では、

77

からだと言えるかもしれない。しかし、『海角七号』については、台湾南部の田舎を描いているからだというだけでは、不十分であろう。現代の恒春に外省人がひとりもいないということはありえない。郵便局員や警官、教師として外省人を登場させてもいいはずだし、地元バンドのメンバーに外省人を加えるなら「四大族群」を描くことができたはずだ。なぜ魏徳聖がそうしなかったのかを、ここで問うことは控えよう。その問いを発し、答えるのは、私ではなく台湾の人々によるポストコロニアル批評の役割ではないかと思うからだ。

実は、『海角七号』に外省人が全く登場しないわけではない。ラストシーンで映る国民党兵士たちは外省人だろう。立ち並ぶ青天白日満地紅旗も外省人の象徴と見なせる。そして、1947年の二・二八事件と蒋介石政権下の白色テロルに想いを馳せると、このラストシーンは、大日本帝国が去った後の「台湾の悲哀」を暗示していることに気づく。また、『セデック・バレ』には、清朝官吏が最初に少しばかり登場する。彼らが象徴するのは、去り行く中国大陸政権であろう。そして、それは、別の意味での「台湾の悲哀」を暗示していないだろうか。『セデック・バレ』全編が描く大日本帝国の植民地暴力という、中国大陸政権が去ったがゆえに台湾にもたらされた「悲哀」である。『ＫＡＮＯ』もまた、軍服姿の錠者投手や「高砂義勇兵」の姿を通して、日中戦争から第二次世界大戦という、もうひとつの「台湾の悲哀」を暗示していると見えないこともない。

そう考えると、この三部作は、全て何らかの形で「中国の影」を、そして中国の影と表裏一体の「台湾の悲哀」を見せてくれたことになる。それは、この三部作が描く「多元的な台湾」と不可分な関係にある。台湾は、どこまでも複雑である。

3　ポストコロニアルとの対話の可能性

以上は、日本人である「この私」に見えたことである。それでは、台湾人には、魏徳聖三部作はどう見えたのだろうか。言うまでもなく、台湾人も多様で

水蛙は台語を自由に語り、その言動からは「外省人性」は感じ取れない。「見るからに外省人」という人物は登場しないのだ。

水蛙が外省人二世だと仮定すると、既婚で子持ちの頭家娘（女ボス）に対する彼の片思いは、単なる喜劇ではなく、外省人と台湾との間の様々な悲劇を暗示していると解釈することも可能になる。しかしながら、それはあくまでも小説版に基づく解釈であり、この映画の映像そのものに基づく解釈ではない。本書では、あくまでも映画自身が「この私」に見せてくれたものを取り上げたので、小説版のみの設定は考察の対象から除外したい。

V　魏徳聖三部作が「この私」に「見せてくれた」もの

あるから、それぞれの立場性によって「見え方」も多様であろう。しかし、我々日本人にとって気がかりなのは、我々のポストインペリアルな立場性と、台湾の人々のポストコロニアルな立場性に、どのような違いがあり、それが魏徳聖三部作の「見え方」にどのように影響しているかという問題である。

　したがって、「この私」にとって、また日本人台湾研究者にとっての課題は、それぞれの立場性とそれぞれの視線について、魏徳聖三部作を例に「見え方」を見せ合い、違いがあれば、それはなぜかを論じ合うことであろう。本書がそのような対話のきっかけになれば、著者望外の喜びである。

おわりに

　本書を結ぶにあたり、「この私」の問題を離れ、台湾研究者の視線を魏徳聖三部作に向けて、それが作品として持つ意義を少しだけ考えてみたい。
　第一点は、三部作のエンターテインメント性の高さである。『海角七号』のコミカルさ、『セデック・バレ』のアクション性、そして『ＫＡＮＯ』の熱血ぶりは、見ていて本当に楽しい。また、『海角七号』の出演者が役柄を変えて『セデック・バレ』にも出演していたり、『セデック・バレ』の主役のひとりが『ＫＡＮＯ』の監督になったりしていることも、三部作の連続性を巧みに見せつつ、各作品のエンターテインメント性を高めている。総じて、三部作は「楽しく身近に歴史を見せる」ことに成功しており、純粋に娯楽的な映画になっている。台湾における興業的な成功の最大の理由はここにあるのではないだろうか。
　第二点は、三部作に共通するメッセージ性である。そのメッセージとは、一言でいえば「台湾加油（台湾がんばれ）」だろう。『海角七号』のバンドメンバーたち、『セデック・バレ』の決起者たち、『ＫＡＮＯ』の野球部員たちは、無条件で応援したくなる存在だ。そして、『セデック・バレ』は「マイノリティがんばれ」だが、『海角七号』と『ＫＡＮＯ』は「混成チームがんばれ」というメッセージになっている。三部作全体では、「多元台湾加油（多民族的・多文化的・多言語的な台湾がんばれ）」となろうか[48]。それは、とてもポジティブなメッセージである。この点も、台湾における興業的な成功に大きく寄与していると思う。
　第三点は、少し難しくなるが、三部作の記号性である。どの作品も、なんらかの台湾、なんらかの日本を「指し示す」記号になっている。そして、それぞれの作品が指し示す台湾と日本は、作品ごとに異なる。さらに、どの作品も、様々な台湾と様々な日本の関係性の記号になっている。その関係性の見え方が見る人の立場と視線によって大きく変わりうるために、三部作は常に台湾と中

48　そこに「外省人」が欠けていることをどのように捉えるべきかという問題は、今後の研究課題としたい。

おわりに

国大陸で物議を醸してきた。どの作品も、見ようによって、「親日」にも「媚日」にも「反日」にも「抗日」にも見える。それゆえ論争を呼んできたわけが、相反する解釈が可能な作品に仕上がっているということは、それだけ複雑で多義的な作品だということであり、芸術性が高いとも言えよう。

　魏徳聖は、オランダ統治時代を描いた映画シリーズを企画中と聞く。それは、日本人である「この私」には、どう見えるだろうか。日本人から見ればプレインペリアルな台湾における帝国オランダ、台湾原住民、漢人の出会いの物語は、果たして日本人である「この私」のポストインペリアル批評の対象とすることができるだろうか。楽しみである。

参照文献・参照メディア

〈英語〉
Belch, James, *The New Zealnd Wars and the Victorian Interpretation of Racial Conflict*, reissued edition, Auckland: Aukland University Press, 2015.
Gandhi, Leela (1998) *Postcolonial Theory: A Critical Introduction*. New York: Columbia University Press.
Levi, Heather (n.d.) "Reflexivity-Reflexivity in Anthropology." http://science.jrank.org/ ages/ 11001/Reflexivity-Reflexivity -in-Anthropology.html（2017 年 4 月 29 日参照）
McLeod, John (2010) *Beginning Postcolonialis*m, 2nd edition. Manchester: Manchester University Press.

〈中国語〉
魏德聖（劇本原著）・藍弌丰（小説改寫）（2008）『海角七号［電影小説］』台北、大塊文化。

〈日本語〉
赤松美和子（2016）「現代台湾映画における「日本時代」の語り――『セデック・バレ』・『大稲埕』・『ＫＡＮＯ』を中心に」所澤潤・林初梅編『台湾のなかの日本記憶　戦後の「再会」による新たなイメージの構築』三元社、157-189 頁。
新谷行（1972）『アイヌ民族抵抗史』三一書房。
岩本由輝 (1994)『東北開発 120 年』刀水書房。
NHK（n.d.)「火怨・北の英雄アテルイ伝」公式ホームページ。http://www.nhk.or.jp/ jidaigeki/aterui/（2017 年 5 月 8 日参照）
上水流久彦（2010）「現代の日本社会と台湾植民地支配のインタラクション――『日本人だった』という語りをめぐって」上田崇仁・崔錫栄・上水流久彦・中村八重編『交渉する東アジア　近代から現代まで――崔吉城先生古希記念論文集』風響社、119-137 頁。
川西玲子 (2014)『戦前外地の高校野球――台湾・朝鮮・満州に花開いた球児たちの夢』彩流社。
魏德聖・陳嘉蔚・陳小雅（2014）『ＫＡＮＯ 1931 海の向こうの甲子園』（宇野幸一・阪本佳代訳）翔泳社。
魏德聖（原作）・藍弌豊（小説）（2009）岡本悠馬・木内貴子訳『海角七号　君想う、国境の南』徳間書店。

酒井直樹（2007）『日本／映像／米国　共感の共同体とインペリアルな国民主義』青土社。
＿＿＿＿＿＿＿（2015）「パックス・アメリカーナの終焉とひきこもりの国民主義――西川長夫の〈新〉植民地主義をめぐって」『思想』1095 号、21-57 頁。
高橋克彦（2002）『火怨　来たの耀星アテルイ（上、下）』講談社文庫。
胎中千鶴（2007）『植民地台湾を語るということ――八田與一の「物語」を読み解く』風響社。
中生勝美（2013）「台北帝国大学土俗・人種学研究室の研究活動」酒井哲哉・松田利彦編『帝国と高等教育――東アジアの文脈から』国際日本文化研究センター、115-127 頁。
中村平（2014）「映画『セデック・バレ』から考える台湾先住民と日本における脱植民地化と『和解』」Global-Local Studies 7 号、25-32 頁。
中村ふじゑ（2000）『オビンの伝言――タイヤルの森をゆるがせた台湾・霧社事件』梨の木舎。
沼崎一郎（2014）「男性性」国立民族学博物館編『世界民族百科事典』丸善出版、668-669 頁。
＿＿＿＿＿＿＿（2016）「台湾における日本語の日本文化／日本人論――「ポストインペリアル」な読解の試み」桑山敬己編『日本はどのように語られたか――海外の文化人類学的・民俗学的日本研究』昭和堂、371-405 頁。
野嶋剛（2015）『認識・TAIWAN・電影――映画で知る台湾』明石書店。
林ひふみ（2010）「台湾映画『海角七号』を読み解く」『明治大学教養論集』452 号、79-119 頁。
＿＿＿＿＿＿＿（2011a）「台湾先住民映画としての『海角七号』（1）――映画史における「原住民」像の変遷」『明治大学教養論集』472 号、33-61 頁。
＿＿＿＿＿＿＿（2011b）「台湾先住民映画としての『海角七号』（2）――牡丹社事件と虹の伝説」『明治大学教養論集』472 号、63-89 頁。
春山明哲（2008）『近代日本と台湾――霧社事件・植民地統治政策の研究』藤原書店。
＿＿＿＿＿＿＿（2013）『ビジュアル・コンテンツ――台湾・霧社事件への招待』株式会社ピコハウス X PUBLO。
藤井省三（2012）「台湾映画『海角七号』におけるメルヘンの論理――西川満の日本引き揚げ後第一作「青衣女鬼」との比較研究」『中国 21』36 号、135-150 頁。
ブラウン，ディー（鈴木主税訳）『わが魂を聖地に埋めよ――アメリカ・インディアン闘争史（上、下）』草思社文庫
星名宏修 (2016)『植民地を読む――「贋」日本人たちの肖像』法政大学出版局。
星野幸代（2010）「台湾映画『海角七号』における日本――「野ばら」をめぐって」『言語文化研究叢書』9 巻、31-42 頁。
本橋哲也（2005）『ポストコロニアリズム』岩波書店（岩波新書）。
丸川哲史（2000）『台湾、ポストコロニアルな身体』青土社。
＿＿＿＿＿＿＿（2001）「序文」東アジア文史哲ネットワーク編『〈小林よしのり『台湾論』〉

を越えて——台湾への新しい視座』作品社、7-10 頁。
四方田犬彦(2015)『台湾の歓び——心悦台灣』岩波書店。
林初梅(2015)「魏徳聖の三部作『海角七号』『セデック・バレ』『KANO』を観賞して」『東方』408 号、2-6 頁。

〈メディア〉
魏徳聖(2013)『海角七号　君想う、国境の南』ブルーレイディスク、マクザム。
魏徳聖・呉宇森・張家振・黄志明(2013)『セデック・バレ』ブルーレイディスク、マクザム。
魏徳聖・黄志明・馬志翔(2015)『ＫＡＮＯ～1931 海の向こうの甲子園』ブルーレイディスク、アニプレックス。

著者紹介
沼崎一郎（ぬまざき　いちろう）

1982年東北大学文学部卒業。1992年ミシガン州立大学大学院人類学科博士課程にてPh.D.取得。1991年東北大学文学部講師、同助教授を経て、2004年より東北大学大学院文学研究科教授。専門は文化人類学、台湾研究、人権論、ジェンダー論（特に男性性研究）。

著書に『台湾社会の形成と変容：二元二層構造から多元多層構造へ』（東北大学出版会、2014年）、共編著に『交錯する台湾社会』（アジア経済研究所、2014年）など。

人類学者、台湾映画を観る　魏徳聖三部作『海角七号』・『セデック・バレ』・『KANO』の考察

2019年5月30日　印刷
2019年6月10日　発行

　　　　　　　　　　　　　著　者　沼崎一郎
　　　　　　　　　　　　発行者　石井　雅
　　　　　　　　　　発行所　株式会社　風響社

東京都北区田端 4-14-9　（〒 114-0014）
TEL 03（3828）9249　振替 00110-0-553554
印刷　モリモト印刷

Printed in Japan 2019 © I. Numazaki　　　ISBN978-4-89489-403-7　C0039

《風響社ブックレット》

〈人類学〉
『豚を殺して偉くなる』吉岡政徳著
『人類学者、台湾映画を観る』沼崎一郎著

〈雑誌〉
『水曜日 東アジア 日本 〈1号〉』野村伸一・岩松研吉郎・金井広秋 著
『水曜日 東アジア 日本 〈2号〉』野村伸一・岩松研吉郎・金井広秋 著

〈植民地教育史シリーズ〉
『砂糖と移民からみた「南洋群島」の教育史』小林茂子著
『日本統治下の教科書と台湾の子どもたち』陳　虹彣著
『青島〈チンタオ〉と日本』山本一生著

〈関西学院大学現代民俗学・文化人類学リブレット シリーズ〉
『文化人類学と現代民俗学』桑山敬己・島村恭則・鈴木慎一郎著